青春文庫

なぜか子どもが心を閉ざす親 開く親

加藤諦三

青春出版社

はじめに　わが子に〝いい子〟を演じさせていませんか

親子の問題について、日本には三つの間違った神話がある。

一つは、社会的に優れている人は、立派な親であるという神話である。実は、社会的に立派な仕事をする能力と、親の子育ての能力は違ったものである。

二つめは、親子はお互いに好きで愛し合うのが当たり前という神話である。実は、親は子どもの言葉に傷つくし、子どもは親の言葉に傷つく。お互いに嫌いになることもあるし、憎み合うこともある。

心には憎しみがあるが、表面は真面目で素直で従順な「仮面『良い子』」が日本には多い。

仮面「良い子」とは、新聞の社会面のトップ記事になるような大事件が起きた時に、マスコミが「あの『いい子』がなぜ」と報じるような子どもである。

一言で言えば、その年齢の子どもにふさわしい自律性を犠牲にして、周囲に迎合している子どもである。愛情飢餓感があまりにも強くて、自分の感情を見失うまで他人の期待に応えようと努力している子どもである。その結果仮面「良い子」は、自分では気づかない憎悪と恨みを心の底に秘めている。そして時には家庭内暴力になったり、不登校になったりする。

あるいは引きこもりである。傷つかないためには、心を閉ざすことがもっとも確実な方法である。

家族が嫌いだけれども、家族なしに生きられなくて、家に引きこもる。

かまわれたいけど、かまわれるといや。干渉を嫌うが、干渉されないと淋しい。

本当の「良い子」とは、自分のしたいことが分かっていて他人と仲よくできて、自分を信頼できる。自分の立場や考え方を主張できる。そして憎しみなどのマイナス感情を、社会的に許された枠の中で処理できる。

仮面「良い子」は周囲の人が嫌いで、心の中では怒りながらも「素直で従順」だが、本当の「良い子」は周囲の人が好きだから「素直で従順」である。仮面「良い子」も「明るく振る舞う」が、心の底に敵意がある。本当の「良い子」は心の底にプラスの感情があるから「明るく振る舞う」。

仮面「良い子」はいつも心配しているが、本当の「良い子」は安心している。仮面に納得している。

仮面「良い子」は周囲の人が自分を扱う態度に不満だが、本当の「良い子」はそれ

「良い子」はいつも緊張しているが、本当の「良い子」はリラックスしている。

仮面「良い子」は怯《おび》えているから猫背の子が多い気がするが、本当の「良い子」は姿勢がいい。仮面「良い子」は遊んでいないから話題があまりないが、本当の「良い子」は様々な経験をしているから話題が豊富である。

仮面「良い子」は大人になってから人に利用されるが、本当の「良い子」は簡単に騙《だま》されない。仮面「良い子」は大人になると周囲にずるい人が集まりがちだが、本当の「良い子」は大人になった時には周囲に誠意のある人が集まっている。

仮面「良い子」は人前での顔と、一人の時の顔とはまったく違うが、本当の「良い子」はそのような違いはない。

なぜ、母親の手伝いをする「良い子」が母親を殺すのか？

なぜ、礼儀正しい子が人を殺すのか？

なぜ、子煩悩な父親の子どもが刃物で父親を殺してしまうのか？

なぜ、「仲の良い家族」なのに娘が母親を毒殺しようとするのか？

なぜ、「おとなしい性格の子」が幼児を突き落として殺したり、手製の爆弾を教室に投げ込んだりするのか？

なぜ、明るくて成績の良い子が両親から祖母まで殺すのか？

新聞やテレビなどメディアは「深まる謎、永遠にとけない謎、突発的な行動としか考えられない」等々と書くが、これらのことは、無意識まで視野に入れて「人の心」を考えれば十分に説明がつくことである。いや当たり前の自然なことである。

心の病む人というのは、仮面「良い子」であった人が多い。つまり、手のかからない子なのである。反抗しない子であるから、情緒未成熟な親にとっては、従順な良い子に思える。

こうした親は子どもの心を理解する能力をもっていないから、この子は手のかからない子なのではなく、子どもは手をかけられないでいるのだ、ということに気がつかない。子どもが心を閉ざしていることに気がつかない。

子どもは「良い子」を演じる。そこで甘えの願望を抑圧する。それ以後この抑圧された甘えの願望が無意識下からその人の人生を支配しだす。

そして何よりも甘えの欲求が阻止されたことで、愛着人物に対して敵意が生じている。

愛着人物に対して敵意を抱くことで、その人は愛着人物に対して心を閉ざす。

仮面良い子の「明るさ」は、彼の不安と怒りを隠すための方法である。

彼は怒っていた、不安だった。それを覆い隠すためには明るく真面目に振る舞うことが有効だった。

人の関心を引くための「明るさ」、マイナスの感情を覆い隠すための「明るさ」である。こうした仮面良い子は心を閉ざしている。

彼の心の中は「怒りと憎しみ」でいっぱいであり、それを抑えて、不安に苛《さいな》まれている。それを隠すためには必死で明るく真面目に振る舞う。

「明るさ」を演じ続けるためには莫大なエネルギーを必要とする。やがて消耗してくる。

「必死で明るく礼儀正しく振る舞うこと」で自分の心の中からそのような不安や憎し

みや怒りなどの感情が噴き出して来るのを抑えている。

彼らの明るい顔の裏に、憎しみで疲れ切っている心がある。人前で和やかでも完全に心は閉ざされている。

「明るさ」は仮面であると考えれば、自分と関係のない人を殺しても不思議ではない。

仮面良い子は明るく真面目だけれども周りの人が嫌い。その嫌いであることを隠している。

しかし彼らは「仮面としての明るさ」で心を閉ざしているからコミュニケーションできない。周囲の世界は脅威に満ちている。

そういう人が問題を起こす。

メディアが「なぜだ?」と言ったときには、「人間の心として自然なこと」という意味である。

子どもはそう簡単に、素直な良い子などに育たない。法学者であり政治学者であり、偉大なモラリストであるヒルティーは、「君の息子があやまちを犯さないことを望むなら、君は馬鹿だ(注1)」と言っている。

つまりヒルティーにしたがえば、従順で、真面目ないわゆる「良い子」の親は馬鹿なのである。「良い子」の親は、自分の息子があやまちを犯すことを許さないで、強引に「良い子」にしてしまっている。つまり「良い子」の親は、自分の息子を、自分の息子以外の何かほかのものにしようとしている。

子どもは、ことに男の子は、あやまちを犯しながら成長していく。子どもが純粋で善だという考え方は、決定的に間違っていると私は思っている。子どもはもともと、社会的に「悪」である。だけどかわいいというのが子どもである。

その「悪い子ども」を、まともな社会人にしていくのが子育てである。だから、いわゆる「良い子」は、人間としての本質的なものが満たされていない。そこで憎しみをもつ。ある日突然、暴力を振るったり、ひきこもったりする。人間としての本質的なものとは、もちろん社会的な「善」ではない。

間違った神話の三つめは、親は子どもを愛するという神話である。子どもを愛する親もいれば、子どもから搾取する親もいる。

一口に家族といっても、その中身はものすごい違いがある。人が家族という言葉を聞いた時にもつイメージは、限りなく広い。

同じ家といっても、アメリカの郊外にあるような百エーカー（約四十万平方メートル）の大邸宅もあれば、日本の小さな家もある。同じ家という言葉で表すのがおかしいと思うほどそれは違う。

しかし、その中に住んでいる家族となると、それはさらに大きな違いがある。同じ性質のものの違いではない。天国と地獄の違いなのである。家の違いは、しょせんは広さの違いとか、豪華さの違いである。眼に見える違いである。眼で分かる違いである。

しかし家族の違いは、眼に見えるものではない。兄弟といっても親といっても、それはまったく違うものを指して、それぞれの人が「親」とか「兄弟」という言葉を使っている。天使の親もいれば、悪魔の親もいる。

自分を地獄に突き落とした親をもった人が「おや」という言葉を使った時と、自分を天国につれていってくれた親をもった人が「おや」という言葉を使った時では、その「おや」という言葉の内容は違う。

モグラとワシとは違う。その違いは眼に見える。それを見て誰でも違うと思う。しかし実は、人間の親の機能は、それ以上にお互いに違っている。地上のあらゆる動物の相互の違いよりももっと違う。チョウチョとワニの違いよりも、人間の親は相互に違う。

「私の親はキリンです」と言う人と、「私の親はカメです」と言う人とがいたとする。おそらくお互いに「へー、私たちの親は違うのだ」と思うだろう。しかし実は、そういう言い方をした時よりも、私たちの親の機能は、実際にはもっと違っているのである。

そうした親の違いを理解するうえで、カギとなるのが、近頃、親子間で起こっている「親子の役割逆転」という現象である。

「親子の役割逆転」とは子どもについての研究者として名高いボールビーの言葉である。それはその言葉通り心理的に親の役割を子どもが果たすことである。つまり親のほうが子どもに甘えている。たとえば親が子どもからのほめ言葉で自分の心を慰めようとしているような場合である。親が子どもに自分の気持ちを理解してもらおうとしているような場合である。

この本では、まずはじめに、問題を起こす「良い子」の親が心の内に抱える問題としてこの「親子の役割逆転」を分析し、次には本当に素直な良い子を育てる親について述べた。

加藤諦三

なぜか子どもが心を閉ざす親　開く親　目次

第1章　愛するほど、なぜ心はすれ違うのか

第2章 親の抱える「不満」が子どもに与える傷《ダメージ》

〝無意識の態度〟から受ける傷

両親の不和がもたらす不安

第3章

親子間のトラブルが子どもを成長させる

第4章

小さなことで「自信」は育っていく

カバーイラスト　岡本かな子
DTP　フジマックオフィス

第1章

愛するほど、なぜ心はすれ違うのか

「親子の役割逆転」から不幸は始まる

「親子の役割逆転」といっても、なかなかピンと来ない人も多い。しかし「親子の役割逆転」が理解できないと、いわゆる「良い子」の問題は理解できない。というのは、「良い子」というのは基本的に「親子の役割逆転」をしている子どものことだからである。

そこがよく、大人になれない子どもたちということでいわれる〝ピーターパン症候群〟の若者たちとは違う。ピーターパン症候群の若者たちは、「親子の役割逆転」を強いられていない。つまり、「良い子」ではない。

今の親たちは、料理をつくるのにも、若者と同じように今流行のものをつくりたい。それがかっこいいからである。

そしてできあがったものを、子どもと同じようにほめられたいし、ほめられればうれしい。子どもの心をくみ取るのが親なのだが、自分の心を子どもにくみ取ってもらいたい。最近は親のほうが、子どもと同じようにほめ言葉がうれしくて、逆に自分の気持ちをくみ取ることを子どもに要求している例が多い。つまり、自分がつくった今流行の料理を「よくできたねー」とか「おかあさん、すすんでるー」と子どもにほめてもらいたいのである。そして逆に、子どもの心をくみ取ることはしない。これが「親子の役割逆転」である。

父親が車を買った。父親は得意である。そこで車を見た子どもが「わー、うれしい！　お父さん、すごーい！」と言う。本当は子どもは別に新車がうれしくはない。父親を喜ばすために言っているだけである。これで父親はエネルギーが出る。

このような未成熟な母親や父親は昔もいた。しかし、このように大量に出現してきたのは今の時代になってからだろう。

幼児的願望が満たされていない父親がいるとする。つまり、何をしても皆から「すごいわねー、よくやったわねー、大変だったでしょー」と大騒ぎしてもらいたい。夫であれば家に帰ってきたら、家族が総出で「会社って大変なんでしょー、ことにあなたの立場は。よくがんばるわねー、疲れたでしょー」と大騒ぎしてもらいたい。父親がこの騒ぎを子どもに求めるのが「親子の役割逆転」である。

賞賛をいつも期待するナルシストの父親がいる。「子どもはそれに調子を合わせていないと父親から睨まれ追放されることを恐れ(注2)」る。

こうしたナルシストの親は、典型的な「親子の役割逆転」をする。「親子の役割逆転」をする親は、いつも賞賛を期待する。子どもが親の役割をして、自分の心を癒《いや》さないと、子どもを許さないという親である。

子どもががんばった時に、親が「よくがんばったわねー」とほめるのではない。親ががんばった時に子どもが「よくがんばったねー」と親をほめるのである。こういう親は、どんなに子どもががんばっても、決して子どもをほめない。それはナルシストで、自分がほめられることにばかり関心があり、子どもには関心がないからである。

自分が「こんなに大変だ」と騒ぐ人ほど、他人の苦労を理解しないものである。親子でも同じである。会社の仕事が大変だと騒ぐ父親ほど、子どもの学校での大変さに理解を示さない。子どもには興味がない。

親の「心の世話」をする子

また現実に、子どもから心理的な慰めを得ていながら、自分が「親子の役割逆転」をしていることに気がついていない親たちも多い。

二十七歳の娘と二人で暮らしていた五十五歳の母である。その一人娘が恋愛結婚した。母親は、この娘の結婚式の進め方に、自分が十分に相談を受けていないということで、ものすごく不満である。

たとえば、相手方の母親と父親が自分のところに顔を出すのが遅すぎると不満である。

「先方がいやいや来て会った」と言う。「媒酌人を立ててください、立ててくださいとお願いしても、全然聞き入れてくれずに、媒酌人を誰にするかも相談されなかった」と、これも不満である。結納《ゆいのう》の前に、話し合いをもちたかったが、それもできなかったと不満である。

要するに、結納の運びをどのようにするか、式の日どりや時間をどうするか、それらが自分に十分相談されないまま、計画がどんどん進められてしまったことに、この母親は我慢できない。「式の日にちとか、時間も最後まで分からなかった」と恨《うら》んでいる。

結婚の準備期間中、家に電話がかかると、娘と二人で受話器を取り合い、電話の受話器を壊してしまうこともあった。おそらく母が、結婚式の手続きについてあまりにも細かく議論しすぎるので、娘は音《ね》をあげたのであろう。

彼女のような不満をもつ人は、よく物事を議論しすぎて壊してしまうことがある。簡単に決められることでも、心が満たされていないから徹底的に議論してしまい壊してしまうのだ。家庭でも会社でも同じである。議論することが目的ではなく、議論の中で不満を表現するのが目的なのである。

「娘さんといつごろまでうまくいっていたのですか」と聞いてみると、「結婚の話が出る前は、ほーんとうにうまくいっていた」と「本当」に力を入れて話す。

「娘は私の両手両足となって心の中に住んでくれて、本当に何から何までやってくれて、嫌と言うことひとつなくやってくれたんです」と言う。

この母親は、これまで娘が「親子の役割逆転」をして、自分の心を慰めていたことに気がついていない。

母親である自分のほうが、娘に甘えていたのである。本来は、この役割は逆である。「私の両手両足となって心の中に住んでくれる人」とは、普通は親のことである。普通は子どもが「親は私の両手両足となって心の中に住んでくれた」と言う。それを子どもの側が親にしていたのである。

ところが、「結婚の話が始まったら、娘は黙って二階に上がったり、黙って靴をはいて出かけるような毎日でした」。娘が母親の心の世話をしなくなった。そこで母親は「たまらなく淋しかった」と言う。

母親は娘が小さいころから、「娘はこちらのほうに家をつくって住まわせる」という考えで生きてきた。それが、「実際に結婚の話が出て、コロッとひっくり返ってしまった」と嘆く。娘の幸せの障害になりたくないという建前の気持ちと、娘を失いたくないという本音の気持ちの矛盾を解決するために、彼女は次のような理屈を考える。

「今まで苦労してきた子なのに、今まで以上に苦労するところに嫁にやって、娘がかわいそうで。娘を不幸に突っ込んだという気がするんです。娘がかわいそうな気もしまして……」と、繰り返し言う。娘が自分を離れても幸せだということが、絶対に認められない。娘も苦労したから結婚式の条件を、結婚相手に聞き入れてほしかったと娘に仮託した言い方で自分の要求を通そうとする。

彼女は、娘への心配のあり方の硬直性に気がつかない。この母親は、娘のために自分がいるということで、自分の存在を確認してきた。それが娘が結婚するので、一人暮らしになってしまい絶望し、娘を恨んでいるのである。

夫は蒸発していて、どこに生きているか分からない。たまに玄関先にお土産《みやげ》が置いてあるから生きているなと思う。「家庭に馴染《なじ》まない人でした」と彼女は言う。夫は「いつも病気をしていた。肝硬変で腹膜炎を起こしたら命がないと言われていた。夫は気の弱い人で、家でいつも遠慮していた。気がねして外に出てしまった」。

夫が蒸発した後、この母親にとって、娘との生活は壊してはならない意味ある秩序だったのである。この母親は娘との狭い関係の秩序の中でしか、意味を感じることができなくなっている。

そして「娘のためにある」というように、自分を「家族という世界」に閉じ込めてしまった。それ以外のことでは自分という存在を獲得したり、自己実現したりすることが不可能になってしまった。

こういう状態の中では、もっとも「親子の役割逆転」が起きやすい。家族、家族の一点張りの家族ではたいてい「親子の役割逆転」が起きている。「家族、家族」と息詰まるほど家族と言うのは、親がそこで心の傷を癒しているからである。そして子どものほうが「親の心を癒す役割」を演じている。つまり子どもは、「良い子」になって「親子の役割逆転」を演じている。

日本には「娘が結婚して、何かをやる張り合いがなくなってしまった」という母親は多い。そして、「子離れをしなければ」と言う親がいるが、あれはやはり「親離れ」なのである。子どもが親の役割をしていたのだから。心理的には、それまで親が子どもに甘えていたのである。

〝情緒的〟虐待とは

こういう家族一点張りの家庭の中では、「親子の役割逆転」を通り越して、情緒的虐待が起きていることが多い。子どもの虐待というのは、肉体的虐待ばかりではなく、情緒的虐待もある。そして虐待の中で、もっとも外に分かりにくいのは、情緒的虐待である。さらに虐待が分かりにくいのは、こうした家庭という閉ざされた空間の中で起きる虐待だからである。

この例の家庭では、今までは外との関係がほとんどなかった。娘の結婚でそこに初めて、外との関係ができてきた。だから、大トラブルになったのである。自分たちだけの閉ざされた家族生活から、開かれた家族生活へと移行することはなかなか難しい。

家庭の中の情緒的虐待があるかないかは、その家庭がどのくらい外に開かれているか、閉ざされているかで分かる。

子どもは友だちの家に遊びに行くことで、自分の家を知ることができる。また友だちが自分の家に来て感じることを話してくれることで、自分の家を客観的に見ることもできるようになる。

肉体的な虐待は、誰にも明らかであるが、家庭での情緒的虐待は分かりにくい。それだけに重要な問題である。そして情緒的虐待で注意すべきなのは、虐待されている子どもが虐待されているという意識をもたないことが多いことである。

しかし子どもが、他人の家に遊びにいって、何となく「何か自分の家とは違うなー」と感じることがある。何となくその家にいるのが居心地がいい。情緒的虐待があれば、その時に「何か自分の家は変だなー」と感じるに違いない。

情緒的虐待は、言語的なものばかりではない。非言語的なものもある。したがって、言葉による虐待よりも、さらに分かりにくい。

「良い子」とは、親にとって役に立つ子である。最低限、親にとって邪魔にならない子どもである。邪魔になる子は、親には憎らしい。

比喩《ひゆ》的にいえば、親は今、自分が汗で汚れて気持ち悪い。早くお風呂に入りたい。その時子どもがケガをして「痛いよー」と泣いてやってきた。そうしたら、その泣いている子は憎らしい。そして逆に、お風呂の準備をしてくれると子どもをかわいいと思ってしまう。

自己執着が強い親は、常に心が傷ついている。そこで今、現在自分のために早急にしなければならないことがあって、あせっている。その時に邪魔になる子は憎らしい。逆に、自分の心を癒してくれる子はかわいい。

「良い子」は、この世ではじめて出会った肉親から、そのように扱われている。そして人をそういうことからイメージしている。だから「良い子」は、安心して自分の身を任せるものがない。自分は常に、人の心の必要性を満たしてあげなければならないと思っている。

だから真面目で、勤勉なメランコリー親和型（うつ病になりやすい性格）のような人などは、尽くすという形でしか、人とつきあえないのである。人から何かしてもらったら怖い。どれくらいお返しをしなければならないか分からないからである。

親の求めに応じて「依存関係」になる

「良い子とは親にとって都合の良い子」というと、それが分かりにくいと言う人がいる。親は子どもがかわいいと言う。だから、そんな「親にとって都合の良い子だ」というう考え方はおかしいと言う人がいる。

たしかに、親が情緒的に成熟していれば、「親子の役割逆転」という考え方はおかしい。しかし、日本の多くの親は、情緒的に成熟していない。だから、父親が会社でがんばったら、「お父さん偉いんだね」と言ってあげなければならない。

ところで、「必要とされることを必要とする人」という言い方がある。たとえば、親がこの「必要とされることを必要とする人」だと、子どもは親の心の世話をしなければならない。

つまり子どもは、親の甘えを許さなければならない。それは子どもが、常に親の気持ちをくみ取って行動してあげるということである。テキサス女性大学のベンツ社会学準教授も、しきりに子どもが親の情緒的必要性を満たしてあげるということを言っている。（注3）

「必要とされることを必要とする親」は、子どもから頼られることを必要とする。そうなると子どもは、親の期待に応えて、いつまでも依存心の強い子のままでいる。子どもは、自立は親への反逆のように感じられて、自立することに罪悪感をもつ。子どもは自分が人間として成熟していくことに罪悪感をもつ。

これも実例から考えると分かりやすい。

四十六歳の女性、ご主人は四十七歳。二十一歳の娘のことで相談してきた。娘が二十三歳の男性とつきあっている。母親は「娘がこの男性とつきあいすぎる」と怒る。この母親は、「相手の男性のところに電話して、こんなことをしていては困る、もっとちゃんとしてくれと言ったんです。お酒を飲ませないようにしてくれとか、帰りの時間は十時までにとか……」と言う。

娘は女の友だちのところで料理をつくると母にウソをついて、男の人のアパートに行ったようである。娘が「こんなにうるさいなら駆け落ちする」と日記に書いた。それをまた母親が盗み見をして、さらに心配するという悪循環である。

母親は、「体が悪くなるくらい悩んでいるから。やせ衰えてしまって、病気になってしまって……」と言う。この母親は、娘の自立にいらだっているのである。

この母親は、それまではこの娘を自分の都合の良いように育てていたということに気がついていない。つまり娘は、これまで「良い子」であった。娘はこれまでは、親に喜んでもらうために、自分の感情を犠牲にしてきた。しかし、それができなくなったのである。娘はもう「親子の役割逆転」ができなくなった。そこで母親はいらだっている。

娘を受け身にし、いつまでも自分に頼らせ続けることで、この母親は満足していた。自分の愛情飢餓感を、娘を抱き込むことで満たしていた。それが娘の恋愛で、危機に陥ったのである。この母親は、娘の自立で心が傷つけられて、それを回復しようと娘の恋愛に関わりすぎるのである。

「娘が来年勤めるでしょ。そう思うと心配で」。自分の愛情飢餓感を娘を猫かわいがりすることで満たしていた親は、娘を自分の目の届くところから外へ出す時には、不安で仕方ない。何か悪いことが娘に起きるのではないかと思ってしまう。

「何か夫婦関係に不満は？」と聞くと、「全然ない」と強調する。「ご主人とは？」ともう一度聞くと、「主人とはまったくうまくいっている。こんないい人はいない」と、また夫婦円満を強調する。不自然なほど、うまくいっていることを強調する。実は、この母親は、ご主人との不調和から目をそらして、娘を取り込んで家庭生活をしているのである。

娘の自立で、この母親はご主人との葛藤に直面しなければならなくなる。それも怖いのである。

子どもにとって、親の期待する子どもになるということと、自立するということとは矛盾することがある。情緒的に未成熟な親をもつ場合には、あきらかに矛盾する。親の期待に応える「良い子」は心理的に問題を抱えてしまう、というのはこういうことである。情緒的に未成熟な親に迎合している子は、心理的成長ができない。

今のこの例の親に愛されたい、好かれたい、ほめられたいと思ったら、娘はどういう子になればいいのだろうか。自分を裏切るしかないであろう。それを考えたら「良い子」というのがどういう存在かが分かるのではないだろうか。

この娘は、女の友だちのところで料理をつくると、母にウソをついて男の人のところに行った。「良い子」が「良い子」でなくなった時である。では「良い子」ならどうするか。本当は行きたいけれども、母親にほめられたいから我慢する。

つまり無理をする。「良い子」は自分のしたいことをして、親に嫌われるのが怖いから自分のしたいこともできない。そしてこのように自分を裏切り続けるから、いつしか親に対して憎しみをもつ。

そしてこういう無力感に悩まされている親は、子どもの「無理」に気がつかない。そこで子どもはこんなに無理をしているのに、こんなに我慢しているのに、「それなのに」と思うから憎しみが出る。

そしてもちろん、この憎しみは意識されることなく無意識へと追いやられることもあるし、意識されることもある。しかし、いずれにしろ、何となくその親といると不快感が出てくる。

本当はこうしたいけど、親から好かれたいからあきらめる。本当は欲しいけれども、親から愛されたいから「いらない」と言う。そうしているうちに、いつしか心の底に憎しみをもつ。

もっとも完璧な「良い子」になれば、自分が無理をしているということにも気がつかない。親に憎しみをもっていることにも気がつかない。親といると、不快だということにも気がつかない。

「良い子」の親は、心理的に病んでいると先に書いたが、もう少し言えば、「良い子」の親はまず、夫婦関係に問題がある。次に依存心が強い、支配欲が強い。つまり、一人では生きられない。「必要とされることを必要とする人」である。

実は子ども嫌いの親

「必要とされることを必要とする」親と同時に、最近では子ども嫌いの親が増えている。そしてそこから「親子の役割逆転」も起きてくる。

自分の欲求が満たされないので、親になっても子どものことを考えるよりも自分のことを考えている、心理的に五歳児のような親である。

これは子どもをほったらかして、自分の欲求をかなえている。とうてい親とはいえない。最初から親の責任を果たそうとしていない。こうした、心理的に五歳児の親が増加している。

彼らは子どもが嫌いだから、何のために子どもを産んだか分からない。では何で子どもが嫌いになるのだろうか。それは子どもがいるために、親が自分のしたいことができないからである。

子ども嫌いの親は、親になっても子どもと同じような要求をもっている。つまり「あれも欲しい、これも欲しい」と何でも欲しがる。小さな子どもがそうである。何でも欲しがる。

そして欲しいものが手に入らないと親は、「私だけが何でこんなに苦労するのだ」と不満になる。そして、その自分の不満の原因を子どもに求め、子どもを憎む。

ところが、子どもより始末が悪いのは、子どものように素直にストレートにそのことを表現しない。不満を内に抱える。いつもイライラしている。

そこで子どもが「アメが欲しい」と言うと、ムカッと来る。自分だってバッグが欲しいからである。

子どもは何かを平等に分けるのも不満である。自分に特別よくしてもらいたいからである。それが実現しないと「ぷーっ」とふくれる。親はこれと同じで、「自分さえよければいい」のである。

たとえば待合室にいる。ほかの子どもが騒いでいるのに、自分の子どもにだけお菓子をあげる。ほかの子どもが欲しがっていても平気である。

このような心理状態だから、自分が楽しいことを犠牲にして、子どものことをするのが苦痛なのである。自分が楽しいことをしようとしている時に、子どもがいてそれができないと、子どもが邪魔になり、子どもが嫌いになる。

自分が楽しい夜のパーティーに出かけようとしても、子どもがいるから出かけられない。すると子どもが嫌いになる。

待合室でわが子を置いて、ほかのお母さんと楽しく話をしている。そこで子どもが、ギャーギャーとうるさく騒ぐ。すると「ウルサーイ！」と怒鳴ってしまい、子どもが嫌いになる。

子どもの受験は気になる。子どもの受験のためにがんばりたいと思っている。しかし自分がスキーに行くのをやめてまで、子どもの受験のことをするのが苦痛なのである。「スキーだけはやめたくない」という類《たぐい》のことを言う母親が多い。

子どもを産んでしまったから、世間は彼らを「お母さん、お父さん」と呼ぶが、名前は母親、父親でも、実際には〝娘〟と〝息子〟なのである。世間が勝手に、母親と父親と言っているだけである。

したがって、産んだ子どもに対しての愛が理解できない。親の自然な愛を体験できない。子どもをうっとりと見つめる母親の幸せを理解できない。

そういう親は、ちょうど、ニワトリが卵を産んだ感覚なのである。だから、自分がその子どもの犠牲になっていない時には、子どもがかわいい。しかし、自分の時間を犠牲にしてまで、子どもをかわいがる気にはならない。しかし世間体《てい》があるから、一応父親らしさ、母親らしさを取り繕《つくろ》うだけである。

子どもはできちゃったけれども、もともとつくろうという気はなかった。そこで子どもが自分の思うようにいかないと、子どもを嫌いになるのである。そこで子どもを突き放すか、過干渉になる。

心の中では子どもを突き放しているが、世間的には「うちでは、子どもを自由にしてますのよ。子どもは自由が一番ですから」と言って、理解あるふりをしている。

要するに、子ども時代の欲求が満たされない人たちが今、親になってきたのである。人間の欲求は抑えることはできても、消えることはないとフロイトは言う。その通りである。

今、親たちは子ども時代の欲求を、子どもを通して満たそうとしているのである。情緒的に未成熟なままで親になったのだから、子どもはたまらない。先日も三歳の子どもを「食べるのが遅い」と殴り殺した父親のことが新聞に報道されていた。子どもが自分の思うようにならないので、殴り殺したのである。子どもには折檻《せっかん》を受けた傷のようなものがあったというから、それまでも思うようにいかないと子どもを殴っていたのだろう。

情緒的に未成熟な親は、子どもの自然な成長を待てないといわれる。殴り殺すところまでいかなくても、子どもをせかす母親はたくさんいる。

子どもが〝マスコット〟にされるとき

「親子の役割逆転」の極致は、マスコットといわれる役割を、子どもが引き受ける時に起きる。

子どもは、成長する過程でマスコットを使う。ぬいぐるみを「嫌い！」と言って壁に投げつける。あるいは、もっとひどくなると「お腹を切ってやる」と叫ぶ。

そして何よりもこのぬいぐるみのいいところは、そうやって投げつけても自分に噛《か》みついてこないことである。これがイヌだったらダメである。噛みつく可能性がある。同じ人間だったら、もっと噛みついてくるかもしれない。

すぐれた臨床心理学者ロロ・メイも「人形は、人間の側に何の要求もしない。子どもは、熊や人形の中に自分の望みのものを何でも投射することができるし、子どもは、自分の成熟の度合いを超えて、相手の要求に応じて、共感を強いられることはない（注4）」と述べている。

私の父親は、私をこのぬいぐるみとして活用していた。ぬいぐるみよりも生きた人間で、このぬいぐるみの役割を果たしてくれる人がいれば心理的には一番楽である。そしてもし、それを教育という名の下《もと》でできれば、これは徹底的にできる。父親は若いころは、穴ぐらに入って生活したり、ヘビを体に巻いて生活していたようである。これはたとえ話ではなく、実際の話である。それは淋しいからだろう。私が生まれる前には、このようにそれなりのマスコットをもっていた。そして私が生まれてからは、私という人間を見事なマスコットに仕立て上げた。

ロロ・メイは、イヌは生命のないものと人間との間の役割を果たすと述べている。(注5) しかしもし、生命のあるものがぬいぐるみのような役割を果たしてくれれば、それに越したことはない。

私は信じられないような「良い子」であった。それは父親の側からすれば、ぬいぐるみのような人間をつくったということである。

怒られてもいじめられても、責められても、決して逆らわないで、父親を世界一の父親と信じて、ぬいぐるみの役割を見事に果たした。もちろんその結果、私は青年時代にはノイローゼになった。

〝被責妄想〟という病

「親子の役割逆転」の問題点の一つは、どんなに子どもが必死になっても、子どもには親の役割を完璧にはできないということである。ということは、どういう結果をもたらすか。

親から責められるということである。親が求めている役割を果たせないのであるから、責められて無理はない。しかも、いつもいつもつねに責められるということである。すると子どもは、大人になって被責妄想になっている。

被責妄想とは、被害妄想という言葉から私がつくったものである。自分としては、被害妄想よりも被責妄想のほうが、実際の世の中では深刻な心理問題だと思っている。

被責妄想とは、責められていないのに責められていると感じることである。子どものころに「親子の役割逆転」をした子どもは、大人になると周囲の人から責められていないのに責められていると思い、怒ったり、憂うつになったりする。

子どものころに責められる理由があって責められたのなら、大人になって被責妄想には陥らないかもしれない。しかし責められる理由は何もなくて、いつもいつも責められていたのである。とにかく親は、その子を責めることで、自分の心の葛藤を解決していたのである。

親にいやなことをして、「いやだなあ」と言われて責められたのなら、子どもは大人になって被責妄想には陥らない。しかし子どもは、何もしなくても親が心理的葛藤から「いやだ」と感じれば、その原因を押しつけられて「イヤだなあ」と責められた。マスコットなのだから。

それをもう片方の親は黙って見ていた。あるいは一緒になって、子どもを理由もなく責めた。そうなれば大人になっても、何もなくてもいつも周囲から自分は責められていると感じても不思議ではない。

子どものころ、何もなくても日常的にいつも責められている人がいた。子どものころは、別に被責妄想ではなかった。

しかし大人になり、周囲にいる人が変わっても、その人は同じように感じている。だから被責妄想なのである。被責妄想の人から考えれば、いきなり感じ方を変えろと言われても無理である。すでに脳の回路ができ上がっている。

前に紹介した人のように、途中で「親子の役割逆転」を演じることをやめた人は救われている。しかし途中でやめられなくて、最後まで「良い子」を演じ続けなければ生きてこられなかった人は、被責妄想に悩む大人になる。

被責妄想になった場合には、もちろん人間関係はうまくいかない。それは周囲の人にしてみれば、被責妄想の人はたまらない。こちらは責めていないのに、責められているとその人は思うのである。

こちらが責めていないのに、被責妄想の人は責められていると思い、怒ったり、恨んだり、憂うつになったりする。つきあう相手にしてみれば、つきあいづらい。多くの人は「あいつとはつきあえない」と思う。そして離れていく。

第2章

親の抱える「不満」が子どもに与える傷《ダメージ》

「子どものために」の誤り

本当の愛と偽りの愛

「良い子」についての私の一つの定義は、生き方を教わっていない子どもということである。だから世の中に出た時には、騙されることをはじめとして何らかの挫折をする。泳ぎ方を教わらないで、海に出るようなものである。

「良い子」の親は「自分がこの子にこんなことをしたら、この子は大人になって苦しむのではないか？」と考えることがまったくない。自分のことに精一杯で、子どものことなど考えていられない。

つまり親は、まったく子どもを愛していない。愛していれば、それは自然と考える。

考えるのが親だというのではなく、自然と考えてしまうのが親の愛である。

「良い子」の親は、自分の子どもが十年後にどうなっているかを考えない。淋しい「良い子」は淋しい大人になって、ノーと言えずにずるい人々から利用される。おだてられて働きすぎて燃え尽きている。あるいはその前に非行に走って社会的に挫折しているか、無気力になっているか、社会的に無謀なことをして失敗している。いずれにしても社会的には挫折している。

人間は幼少期に他者との交流の仕方を身につける。迎合しか生きる方法を知らない「良い子」は大人になっても、その時その時をうまくごまかして生きている。

それに対して、愛されて育った子どもは生きる処世術を知っている。生きる処世術は人間の本質を肌で学ぶことである。どれが本物でどれが偽物かを見分けるのも知恵である。

その知恵はどこから得たのか。それは一人でも生きていかれる子どもに育ってほしいと願う親の教育からである。

子どもは真の愛は、単なる綺麗《きれい》な言葉ではないことを親から学ぶ。愛されて育った子どもは「あなたを愛しています」という言葉が愛ではないことを知っている。だから大人になってから言葉で騙されない。

愛されて育った子どもは、「あなたのしたいことをかなえてあげる」という言葉が愛ではないことを知っている。だから世の中に出てから「騙された」と悔やまない。

知恵のある子どもは、「あなたのために」というやさしい言葉の裏にトゲが隠されていることを知っている。だから、甘い言葉と愛ある言葉の区別ができる。

誇張された俗っぽい愛の言葉が、いかに恐ろしいことかを肌で知っている。だから愛されて育った子どもは、大人になってからも簡単には騙されない。

愛は、その場その場で相手を言葉で喜ばすような、そんな安っぽいものでは決してない。そのことを親は体で子どもに教える。

こうして大人になった子どもは、親から学んだ知恵で自分を守る。だから、現実の世の中で生きることができるし、生きることが怖くない。

それに対して、親から関心をもたれなかった子どもや、崩壊した家庭で成長した子どもは、自分を守ることができない。そういう子は淋しいから人から注目されたい。淋しいから人から関心をもたれたい。そこで人から何かを頼まれると「ノー」と言えない。その結果、ずるい人に利用されてしまう。

淋しいからノーが言えない

ある例で考えてみよう。

「良い子」は淋しい人であるが、次の例は淋しい人の弱さをよく表している。

小さいころからひどい両親に苦しめられている二十二歳の女性である。十八歳の時から両親とは同居していない。父親は彼女が小さいころから学校の給食費をもって遊びに行ってしまう。小学校六年生の時のある日、起きたら父親に体を触られていた。

「そのことを母親に言ったのだけど……。お父さんに怒ってと頼んだけど……」

しかし母は何も言わなかった。彼女は、「小さいころから母には守ってもらえなかった、話も聞いてくれなかった」と泣き声になる。

父親は彼女が中学の時からサラ金に手を出していたので、日常の生活は悲惨なものだった。いつもサラ金からお金を取り立てられる騒ぎがあった。そこで彼女はいたたまれなくなって、兄と二人で家を出た。結婚する時にも兄が親代わりということで結婚した。

母親は、離婚はしていないが、ほかの男と住んでいる。「去年、会いたいと言うので、これが最後と思って夫と一緒に会ったんです。すると母はその同棲している男の人と一緒に来て、どうして母がお世話になっていますくらいのことを言わないのだと怒ったんです」。

彼女は、「私はそんな男の人と関係ない。都合の良い時だけ、孫の顔を見たいとか、お金を貸してくれとか言ってくる」と怒る。「母親は私たちの生活に首を突っ込んでくる。両親とはつきあいたくない」と泣き声で話す。彼女は泣き声で話すのだが、しかし両親がお金を貸してくれと言ってくると、これが最後、これが最後と思っていつも貸してしまう。

住所や電話番号は教えていないが、兄を通して親に会おうとする。人は淋しいから相手を喜ばせ、気に入られようとする。淋しい人はこのような崩壊した家庭や、表面上はまとまっているが情緒的に分裂した家庭から生まれてくる。

そのような家庭に育てば、家族から関心をもたれなくて淋しいから、常に他人から関心をもたれようとする。そこで、関心を得るために他人の期待に応えようとする。

また家族の偽りの愛の言葉に何度でも騙される。騙されても淋しいからまた信じてしまう。

「兄も両親のことについては怒っているのですけど、『お前のような気持ちでいたこともあったけど、頼ってこられるとかわいそうだし、親を養っていくのは当たり前だ』とか」と彼女は言う。

淋しい人の心理的特徴は、相手を喜ばせようとすることである。人は淋しければ淋しいほど、他人の期待に応えようとする。それだけ人の好意や関心が欲しい。そして他人が自分をどう見るかがいつも気になる。

彼女は親からの借金の依頼を断ると、自分は冷たすぎるのではないかと思ってしまう。愛情不足で育った人ほど他人の依頼を拒否できない。

だからといってお金を貸せば、自分は何でこんなことをする必要があるのだと怒りを感じる。断ると罪悪感に苦しめられる。そして自己嫌悪に陥る。お金を貸しても断っても不快感に悩まされる。

両親はそんな彼女にまた電話をかけてきて、「お金を貸してくれ」と言ってくる。

ずるい人は「困った」という言葉で仕掛けてくる。愛情不足で育った人はこの「困った」という言葉に弱い。

そのようなずるい人の犠牲になる人は、愛情飢餓感が強く、相手との関係を絶てない。淋しいからついつい相手の頼みを聞いてしまう。

淋しいとずるい人の奴隷《どれい》になってしまう。ずるさは弱さに敏感であるとはよく言ったものである。

一見、「幸せな家庭」の中の孤独

いわゆる「良い子」はこのような崩壊家庭から生まれる時もあるし、両親が揃っている家庭からも生まれる時がある。しかしいずれの家庭であれ、その子は淋しい。崩壊家庭の親は「最悪の親」で、両親とも揃っている家庭の親は「最低の親」である。

「良い子」の生まれる家庭は両親が揃っていても、両親はお互いに心のふれあいがない。情緒的には破壊家庭と同じであるが、表面は「幸せそうに見える家庭」であることもある。

どちらのタイプの家庭から生まれた「良い子」であっても。「良い子」は淋しい。

だからどちらも他人の期待には弱い。

両親が揃っている家庭の親は、この例のように崩壊家庭で育った子を見て、自分の子どもとは違うと思う。自分はこのような子どもの親とは違って、もっと立派な親だと思っている。しかし本質的には同じである。

この例であげた親が「最悪の親」だとすれば、そう思う親は「最低の親」である。「最悪の親」は本人が子どもを犠牲にしていることを知っているが、「最低の親」は自分が子どもを犠牲にしていることに気がついていない。

「私は一人で生きていけない」

でもどの人のところに行ってよいかが分からない。

自分の身柄を預かってくれる家が分からない。

誰のところに行ってよいかが分からない。

誰とつきあってよいかも分からないから、

だから、へんな女にひっかかる。

おかしな女は良い女を演じる。
そこで純朴な男はひっかかる。

男は行く場所がない。
格好をつけているから。

淋しい時に行く場所は、
不思議に自分を出せない人のところ。

だから、永年つきあっても、
言葉が他人行儀の人は避けること。

優しさとは相手をそのまま、受け入れるということである。その人といると、自分を大きく見せるために緊張することもない。自分が強く優《すぐ》れていなくても、その人から見捨てられる不安も感じない。そんな人が優しい人である。

その人といると、取り入る気持ちにならない。自分の意見がその人と違っても、見下げられる恐れを感じない。その人は自分に強く優れていることを求めていない、ただ自分を求めている、そのように感じられることが、優しさが感じられるということであろう。

その人といると、自分が強く優れていなくても、好かれている、尊敬されているという感じがする。その人といると特別に何かをしなくても自尊の感情が満たされる。その人といると、その人に特別に何か尽くさなくても受け入れてもらえる気がする。その人といると、特別に何かお世辞を言わなくても、嫌われない気がする。その人といると、特別に何かをしなくても、世話をしてもらえる気がする。そんな人が優しい人なのである。

優しくない人といると、何か気がねしてしまう。その人の是認を得るために、その人の期待に敏感でなければならない。

その人とは親である。親は本来、優しい人のはずである。その人といると、何もしなくても自分を守ってくれると感じる。それが親である。それが優しさである。

もちろん相手が優しい人でもその優しさを感じられないという人もいる。優しい人と一緒にいても、こちちに優しさを感じる能力がなければどうしようもない。

自分の欠点が出ることを恐れて、欠点を出すまいと気を遣っている人は、誰と一緒にいても、不安な緊張に苦しめられる。人から優しさを感じられないという人は、このように普通の人よりいつも周囲を恐れている。

「支配」という名の子育て

母親が支配的だと、自分の支配できる子は「良い子」と思う。つまりこの場合「良い子」とは、母親の支配欲を満たす子どもである。母親の欲求不満を解決する子どもである。つまり「親子の役割逆転」をしている。本来は親が子どもの不満を解決してあげなければならない。

こうして「良い子」は支配的な母親の顔色をうかがうようになる。一見して立派な親が子どもをおかしくするのはこのためである。

愛を感じていない子どもには、置き去りにされること、捨てられることなど、さまざまな恐怖や不安がある。そしてこれらの不安や恐れを利用して親が子どもを育てることがある。

親が子どもに言うことを聞かせるためにこの恐れを利用すると、その結果子どもは生きることそのものを恐れるようになる。

うつ病者が悲観的傾向になるのは、こうした恐れを利用した子育てをされたからである。「良い子」は自分の人生に、何か良くないことが起きるのではないかと恐れている。

そしてこの恐れこそ、子どもをいつまでも母親に依存的にしておく原因であろう。この恐れを利用して子どもを育てる親は、自分がどんなにひどいことを子どもにしているかに気がついていない。

子どもを「良い子」にする親は、子どもとの関係では自己肯定・他者否定であろう。子どもが自分の支配に服従している限り、その子は「良い子」であり、保護しようとする。しかし、決してその子の人格を尊重しているのではない。親は子どものことをよく世話しているようであるが、それは結局自分の支配欲を満足させているにすぎない。

子どもが何か社会的な問題を起こした時に、その子が小さいころ「良い子」であったことを強調する親たちがいる。その親たちは自分の支配欲をその子を通して満足させていたということを告白しているようなものである。

逆に「良い子」とは、親との関係では自己否定・他者肯定の子どもである。

「良い子」の親は病んでいる

「良い子」とは、自己執着の強い親から見ると、自分の欲求を満たしてくれる子どもという意味である。

たとえば愛情飢餓感の強い親は、それを満たしてくれる子どもを「良い子」と思う。親の気持ちを察して、「お父さんすごいねー」と尊敬の念を誇示する子どもを「良い子」と思う。

支配欲の強い人は、何でも「はい、はい」と言って、自分の支配欲を満たしてくれる従順な人を良い人と思う。これらの子どもは皆「親子の役割逆転」を演じている。

劣等感の強い恋人は「あなたって偉いのねー」と言う恋人を良い人と思う。自分の恋愛感情を満たしてくれ、劣等感を癒してくれる人を「最高の人」と思う。それと同じである。

「良い子」は娼婦みたいなものである。男が自分の性欲を満たしてくれる限りでその娼婦を必要としているように、自己執着の強い親は、自分の愛情飢餓感を満たす限りにおいてその子を必要としている。そして心の底では、子どもを尊敬していない。

ゴミ捨て場は必要だけれども、そこを皆が嫌がる。英語の本には「ダンプ（dump=ゴミを捨てる）」という表現が出てくるが、ダンプカーのダンプである。そしてまさに「ダンプ」という言葉が「良い子」をよく表している。「良い子」は、皆がマイナスの感情をダンプする恒常的な場所なのである。

病んだ家族の中には、ゴミ捨て場になる人がいる。ベンツは、「家族の星座」の中にそういう犠牲者がいるという表現をしている。星座という表現が私の気に止まった。つまり家族という構造の中に、しっかりとその犠牲者は組みこまれている。

ベンツは、マイナスの感情を「いつも」、はき捨てられる犠牲者がいると述べている。その子はまさに恒常的なゴミ捨て場になっている。つまり、ある時にたまたまその子に対して皆がマイナス感情をぶつけるというのではない。家族の中で、その子の役割が「ゴミ捨て場」と決まっているのである。

まさに家族を星座にたとえれば、その星座の中にゴミ捨て場という犠牲者の役割として、「良い子」はきちんと位置づけられている。

そしてさらに恐ろしいのは、そうしたうえで、その子を犠牲にして生活しているということに皆が気づいていない「ふり」をしているということである。

その子がそうした役割を十分に果たさなければ、両親はその子を軽蔑するとベンツ氏は言うが、私は両親ばかりではなくほかの家族も、その「良い子」を馬鹿にすると思っている。

つまり、その子は「ゴミ捨て場と皆が決めてしまった」のである。そういう意味で、その子は家族の一員ではない。良いゴミ捨て場でないと軽蔑される。「良い子」のほうもそれを受け入れている。

昔の「よくできたお嫁さん」というのも、周囲のわがままな人たちにとって都合の良い人というにしかすぎない。ずるい人の集まる集団の中で「良い人」と評価されたら、それは犠牲者という意味である。

ゴミ捨て場とは、要するに「親子の役割逆転」をしている子どものことである。子どもがその役割を演じるからゴミ捨て場なので、親が演じればそれはゴミ捨て場ではない。それは家族を成長させる役割である。それぞれの子どもの心の葛藤を解決してあげるのだから。親がその役割を演じる場合には、家族の気持ちをくみ取ってあげる役割になる。それは指導者の役割である。

一番力のあるものがする時には大黒柱になる役割であるが、一番力のないものがする時にはゴミ捨て場になる。

なぜ、感情の〝ゴミ捨て場〟になるのか

ゴミ捨て場というようなことを「良い子」で説明するから分かりにくいが、「お嫁さん」で説明すれば分かりやすい。

あるお嫁さんが相談してきた。家は商売をしている。夫は血圧が低いということで朝遅くまで寝ていて、朝食をとらない。昼頃まで起きてこないことも多い。そこで彼女は、お姑《しゅうとめ》さんと二人で朝食をとることになる。

そこに義理の姉が離婚して子どもを連れて戻ってきた。彼女には子どもができない

が、この戻ってきた姉には子どもがいる。その姉が勤めに出るので、彼女はその子どもを幼稚園に毎朝連れていくのをはじめ、いろいろと世話をする。

ところがお姑さんは、「あなたは子どもの世話がへただ」といつもいやみを言う。「あなたは、やはり自分の子どもがいないから」と、毎朝食事の時にいやみを言われる。お姑さんは、このお嫁さんにいやみを言うことで、日頃のマイナスの感情を晴らしているのであろう。

つまり、彼女の上に自分のマイナスの感情を「ダンプ」している。

彼女は「私の仕方に文句があるなら、お姉さんの子どもだから、お姉さんが世話するように言ってください」と言えばいいのに言わない。「主人にかばってもらったことなどない」と彼女は言う。

夫は、朝が遅いくせに夜は出なくていい会に出る。そこで酒を飲んで、借金をつくる。商売もうまくいかない。

一日千円で食費を賄《まかな》えと無理を言う。そんなに経済的に苦しいのに、主人は高級車を買う。彼女は、結婚前に貯めた自分の貯金までも問屋に払ってしまった。そして心身が消耗して、ノイローゼのようになっている。この家族は彼女をゴミ捨て場にすることでもっている。

この家族は彼女がノイローゼから立ち直り、自分の要求をハッキリと主張するようになっては困る。ノイローゼの人の周囲にいる人は、その人のノイローゼが治らないことを望んでいるというのは、こういうことである。

もちろん彼女の場合には、大人だから問題はある。彼女は何か言われた時に、無理だと言えばいいのに言わない。見事なまでに苦労性を演じている彼女にも問題はある。

彼女はしなくてもいいことをして憂うつになっている。もたなくていい責任感をもって、「忍従の結婚生活です」とマゾヒスティックなことを言っている。苦労性を演じる人は、受難を美徳と錯覚しているといわれるが、その通りである。

「そんなに大変なのに姉の生活の世話までする必要はない」と私が忠告すると、「頼まれるから仕方ない」と言う。彼女は間違った状況の中で、すべての要求を「はい、はい」と受け入れ、一人で落ち込んでいる。姉と生活を別にしたほうがいいと忠告しても、一緒の生活をやめない。大人として彼女の態度には問題がある。

しかし小さいころから「良い子」を演じさせられた子どもは、やはり家族全員の犠牲者である。「良い子」は両親をはじめ、兄弟姉妹のゴミ捨て場なのである。

「良い子」は親や家族に迎合することで、自らゴミ捨て場になっていくのである。

真面目な子がある日突然、無気力になる理由

従順の本質は、その人が自分を「他人を満足させるための道具」と見なすようになることである。「良い子」はまさにこれである。(注6)

そしてそれが協力的な雰囲気で行われるまでになる。脅しの力や罰が親密化される。(注7)

この権威への服従が、自ら望んでいる雰囲気で行われるということが「良い子」の従順のポイントである。それが迎合である。

だから周囲の人たちは、何かあった時には、「だって別に私たちは、あなたに何も強制していないのに、イヤねー、何かすごい言いがかりよ」と逆に自分たちを被害者にして、「良い子」を加害者にしてしまう。

ずるい親兄弟はいつのまにか「良い子」をつくり、そこを自分たちのゴミ捨て場にする。心優しい子がいつのまにか犠牲者になっている。

周囲のずるい人たちは、証拠を残さないでその子を犠牲者にする。だからその子は、

表立って周囲を攻撃できない。これがずるさの本質である。先の「脅しの力が親密化される」という言葉はそれを見事に見抜いている心理学者ミルグラムの言葉である。

だからこそ「良い子」は、追いこまれて辛くなっても、攻撃の仕方が分からずに、憂うつになったり、爆発して愚かな犯罪に走ったりする。それは周囲への復讐なのである。

「良い子」はずるい人に囲まれている。

憎しみの表現は何も非行に走ることばかりではない。憂うつになることも同じ復讐の心理である。

「良い子」の少年たちが大学まで来て無気力になったり、ノイローゼになることがある。これは彼らが無気力になったり、ノイローゼになったりすることで周囲に復讐しているのである。

実は、いつも憂うつになっている人々、うつ病になる人々にとっては、憂うつは価値ある感情なのである。だからこそ、前向きの忠告には決して従おうとしない。今だけを考えれば大学で楽しく生活できるのに、彼らは決して楽しく生活しない。それは、憂うつになることで今まで周囲にいた人々に復讐しているからである。無理をした真面目少年の挫折は、長い人生の中でさまざまなかたちで表れてくる。

家で〝搾取〟、外で〝迎合〟

そして「良い子」のいる家族には、ゴミ捨て場の他にもう一つの特徴がある。それは「良い子」の親は、別の子には迎合するということである。

ちょうどヒルティーが最低の男として、「家でオオカミ、外で小羊」と表現したことが家の中であてはまる。心に問題を抱える親は、ある子どもにはオオカミ、別の子どもには小羊になる。

つまり最低の男は外に出ると、ビクビクして皆に迎合するが、家に帰ってくるとオオカミになって家の者には威張りちらし、当たりちらす。家は感情の吐き捨て場になる。つまりゴミ捨て場である。

同じように弱くて卑怯な親は、ある子どもをゴミ捨て場にして、当たりちらし、こき使い、別の子どもにはペコペコと迎合する。またある子どもを特別に気に入り、別の子をひどく憎んでいるなどということもある。つまり「良い子」の親は心理的に病んでいるから、同じ自分の子どもでもまったく違った態度をとる。

それは不公平などというレベルではない。心理的に病んでいる親は「良い子」から搾取《さくしゅ》し、別の子どもには貢ぐ。搾取と迎合がセットになっているのが「良い子」を生み出す家庭の特徴なのである。それを保護と迎合がセットになっていると錯覚する。

レベッカという女性の症例がある。彼女も親から虐待を受けている。ところが彼女は、妹は母親から寵愛《ちょうあい》を受けていると感じている(注8)。

親は子どもにとって同じ親ではない。ある子どもにはオオカミとなり食いちらし、ある子どもには小羊となり貢ぐ。

子ども全員にとって恐ろしい親であるならまだ子どもは生きられる。しかし親から食いちらされる子どもの恐ろしさは、ほかの子どもは寵愛される中で、自分だけがひどい目に遭うので、孤独を伴った恐怖である。

この恐ろしさが分かるまで「良い子」の問題を理解したとはいえない。

子どもを「良い子」にする親のずるさ、弱さ、身勝手さ、冷たさなど恐ろしいほどの卑劣さが分かった時に、「良い子」の問題の深刻さが理解できる。つまり、子どもを「良い子」にする親の自我が分裂しているということである。

分裂した自我をもつ親が、子どもの自我を分裂させる。こうして心の病《やまい》のサイクルが形成されてくる。

「わが子がかわいい」に隠された心理

「できの悪い子ほどかわいい」という格言は、病んでいる親についてはあてはまらない。これは愛する能力のある親の場合には正しいが、敵意のある親の場合には逆である。できの良い子ほどかわいい。

ある敵意のある母親である。息子が三人いた。長男は若いころ自動車事故で死んでしまった。次男は若いころ事業の失敗などで親に迷惑をかけた。そこで母親は、この次男を自分の子どもと認めない。

そして年をとった時に、自分を世話している末の息子に言った。「あの子、死んじゃえばいいのにねー」。これが心の病んだ母親の本当の姿である。

さらに年をとって、自動車事故で死んだ長男の写真を末の息子に渡して次のように言った。「たった一人の兄の写真だから、大切にしなさい」。つまり次男は兄ではない。

息子ではないということである。

末の息子は小さいころから「良い子」であった。そして年をとり、最後は燃え尽き症候群になってしまった。

「良い子」の親は、その子が自分の子だからかわいいのではない。自分に都合が良いからかわいいのである。自分に何かメリットがあるからかわいいのである。「良い子」の親は子ども自身がかわいいのではない。

子育てをきちんとしない親ほど、年をとってから子どもの世話になることを当たり前のように要求してくる。

それはその人の生き方が、もともと他人の力を利用して自分は楽をするという生き方だからである。他人から搾取するというのが、その人の生き方の一貫性なのである。それを変えたらその人ではなくなる。

子育てにエネルギーを使わない人は、人が変わらない限り、年をとってからも他人の力で自分はラクをしようとする。一貫してそうである。

そうなると、その親は自分の世話を誰にさせようかということで、子どもを選別し始める。そこに子どもいじめの遠因がある。世話をしてもらおうとする子どもとほかの子どもとの対立をつくる。

それが先にレベッカという女性の症例で説明したことでもある。ある子を虐待する親は、別の子を寵愛する。

こうした親にとって、子どもは自分が生きていくための道具でしかない。子どもは貯金と同じである。自分が産んだ財産である。「かわいい」などという感情とは、まるっきり性質が違う。

心の通わない親子関係

原因は〝両親二人〟にある

「母親が心理的におかしかったから私は心理的に病んでしまった」と言う人がいる。

つまり両親の一方を非難する子どもがいる。

自分の心理的病の原因を、両親のどちらか一方に帰《き》する。そういう場合には、ほぼ次のような心理的過程を経ている。

たとえば、まず父親が心のふれあわない人である。母親はいろいろと心に問題を抱えている。たとえば神経症者である。そこで、その子は直接には母親との関係で心理的に病む。

ところが、その子本人が心のふれあわない人に成長しているから、父親が心のふれあいをもてない人であるということを体験していない。そこで「父親はいいのですけど……」という言い方をする。

つまり、両親の一方に憎しみをもっている人の場合、もう一方の親とも心がふれあっていない。つまり、そういう人の場合、自分が育った二十年間なり、三十年間なりの家庭生活はほとんど虚無に等しい。

こうした家族は世間に対しては家族を装っている。ドアを開けると、たしかにそこには夫と妻がいて家族になっている。しかしドアを閉めて背を向けると、お互いに「あの人、誰？」と言う関係である。

どちらの親も、子どもの心とふれあっていない。どちらの親も、自己中心的で子どもよりも自分が大切で、子どもの痛みには関心がいかない。要するに子どもには興味がない。

自分を将来世話してくれるとか、自分の虚栄心を満たしてくれるとか、そのような形でしか子どもには興味がない。子ども自身には何の興味もない。

両親のどちらか一方でも子どもの心を理解することができれば、子どもは心理的におかしくならなくてすむ。つまり、子どもがおかしくなる時には、たいてい両親共に心理的に問題を抱えている。

「おかしくならない」とは、子どもが、明るい人、感情表現のできる人、不自然な行動がない人、自分で何かを楽しめる人などになるという意味である。子どもが心理的に病んでいる多くの場合は、たいてい両親共に形は違うが、子どもの心を理解していない。

子どもの心を理解していないとは、「この子は去年はこうしていたのに……」とか「かしわ餅を食べながら、こんなことを言っていたなー」とか、「あんころ餅を食べて口にあんこをつけていたのに」という思い出がないということである。

子どもの心を理解しているとは、子どもがあんころ餅を食べているのを見て、そうしたことを思いつつ、子どもに「おいしい？」と聞くと、子どもが「ウン」と言う。そのような関係を保っているということである。子どもを理解している時と、理解していない時では、親のまなざしが違う。

間接的に子どもの心を傷つけること

人を傷つけるというと、すぐに軽蔑するとか、嘲笑するとかいうことを考える。たしかに人を嘲笑することで傷つけるということはある。自分にとって重要な他者から軽蔑されれば傷つく。しかしもう一つ、人は愛されないことでも傷ついている。

母親が子どもを愛さない時に、子どもは傷ついている。母親は子どもを愛さないことで傷つけているのである。

父親が子どもをいじめている時に、それを黙って見ている母親がいる。そうした母親は子どもを傷つけているのである。

父親は、子どもに絡むことで自分の心の葛藤を解決しているとする。父親は子どもにとてつもない感謝を要求したり、法外な尊敬を要求したりする。父親は自分の劣等感を癒そうとして、子どもに絡むのである。要するに、「親子の役割逆転」をして、親が子どもに甘えている。

それは、いじめである。もし子どもがその法外な尊敬を父親にはらわなければ、いつまでも責め続けられる。父親がこうして子どもをいじめているのを知りながら、知らぬ「ふり」をする母親がいる。それを黙って見ている母親、気がつかない「ふり」をしている母親は、父親との関係で自分を守ろうとしている母親である。自分が父親との関係がまずくなるのを恐れているのである。そうした母親も子どもを傷つけている。この場合、父親と母親がセットになって子どもの心を傷つけている。

その時点をとると、父親だけが子どもを傷つけているように見える。たしかに父親は子どもを傷つけている。それは直接に子どもを傷つけている。子どもを軽蔑したり、子どもの弱点を責め苛《さいな》んだりするから直接的に子どもを傷つけている。

しかし実は、この時、気がつかない「ふり」をしている母親も子どもを傷つけている。

こうして育つ子どもは、誰も自分を守ってくれないと思うようになる。その子は、小さいころから一人ぽっちで生きていかなければならないと心の底で感じる。この孤立感が子どもの傷なのである。この絶望感が子どもの傷なのである。そうした子どもは、誰も自分を保護してくれないのだという孤立感をもつ。依存心の強い時期から、自分は誰も頼る人はいないのだと思う辛さ、それが子どもの心の傷なのである。

この傷を与えるのが、先のケースでいえば母親である。もしこの子どもが父親にいじめられたとしても、母親がその後で話しかけてくれたら、つまり何らかのかたちで保護をしてくれたら、子どもは孤立感、絶望感に苦しめられることはない。

孤独と憎しみが育つ家庭環境とは

私が今、孤立感、絶望感などをとり上げるのは、これらが後にその人の心の中で、父親によって受けた傷と融合して、恐ろしい憎しみに成長するからである。孤立感、絶望感は、心の傷と化学反応を起こして癒しがたい憎しみに成長する。父親から受ける心の傷だけでは、それは後に癒しがたいほどの憎しみに成長することはない。

その子どもがやがて憎しみに囚《とら》われた大人に成長した時に、その原因を父親だけに求めるのは間違いである。

母親と父親が同じ影響力で子どもを「憎しみの大人」へと成長させたのである。父親と母親とがセットになった時に、父親だけでは考えられないほどの深い傷を子どもに負わせてしまう。

もし父親だけなら子どもは傷ついても、大人になるころにはそれを自ら癒すことができたかもしれない。しかし、その傷を癒しがたいほど深刻なものにしたのは、母親との関係である。

父親が子どもを傷つけた後で、「○○ちゃん、カステラ食べる？」と、子どもの好きなカステラを母親が出してくれたら、子どもは憎しみに囚われた大人にはなっていなかったであろう。

人が癒しがたいほど深い傷を負い、どうすることもできないほどの憎しみに囚われて動きがとれなくなるのは、このように父親と母親がセットになって子どもを傷つけているときである。

おそらくヒトラーをはじめ、人類の破壊者たちは、何らかのかたちで憎しみを生み出すセットの環境の中で育ったのではないかと私は思っている。自分を傷つけるものが誰かとセットになっている時に、人は自らの憎しみを乗り越えられなくなるのではないか。乗り越え不可能なほどの深い憎しみに囚われてしまう人は、その人を囲む全体の環境がそうだったのである。

たとえば、ヒトラー帝国の演出者といわれるナチス宣伝大臣ゲッベルスは、残忍さに輝き、暴力を謳歌するこの反革命義勇軍の一党に「しびれるような快感」を覚えたという。これは生理的なものである。私の推測するに、この時、彼の心の中の憎しみが癒されたのである。この時、憎しみの感情がはけ口を見いだしたのである。

そして彼はヒトラーと出会う。ヒトラーの演説を聴く。その時「いっさいの懐疑が吹き飛び、彼はこの神のものとなった」。この時も彼の心の底の憎しみがはけ口を見いだしたのだと私は思う。

このように抵抗しがたい何かにつき動かされるような時には、そこに憎しみがあるに違いない。そういう癒しがたい憎しみは、両親セットの環境の中で成長したものであるというのが私の考えである。

私はゲッベルス研究の専門家ではないが、その関連の本によると、彼の少年時代は孤独だったという。そして両親はローマ・カトリック教徒であったという。彼は母親を偶像化したという。ここらへんが、彼が母親とは心がふれあっていなかったのではないかと思われる箇所である。

そして母親は故郷と家族の中で、彼が「愛着を覚えた唯一の人物」であったという。つまり彼は、母親離れできていなかったと推測される。ということは、彼は「母なるもの」に接していなかったということである。あやふやな知識で何かを言ってはいけないが、憎悪に駆られて殺人を犯したような歴史上の人物は、いわゆる両親セットの環境で育ったと私は推測している。まず間違いない。両親セットというのは、何も生物的な両親という意味ではない。その子どもを傷つけた人が、誰かほかの人とセットになっているということである。

どんなに父親がひどくても、もし母親が優しければ、子どもは憎悪に駆られて人生を破滅させない。人々を憎み殺さない。ゲッベルスのような憎しみに囚われた人物が、こうした運動に加わらない場合には、家庭内暴力に走っていたかもしれないのである。その時には「愛着を覚えた唯一の人物」である母親は、今度は暴力の対象になる。

そして人々を殺しても殺しても癒されない彼の憎しみは、今度は母親に暴力をふるってもふるっても癒されない憎しみとなる。それは、本人も理解できないほど深く傷ついているということである。

子どもで世間を見返そうとする父親

私の父親は、自分では何もしないで、子どもで世間を見返そうと思っていた。そのことの恐ろしさはどういうことであろうか。実際に何か実績を上げる苦労をしたことのない人は、生きていることに現実感がないということである。

自分の仕事に実績のない人が、息子にあれをしろ、これをしろという。自分がしていればそれについての指導ができる。しかし、自分が実際には何もしていないから、指導はできない。

そこで言っていることは、はいはいしている赤ちゃんに、十キロ離れた学校に行けと言うようなものである。そしてその赤ちゃんががんばってはいはいをして、一年かかってその学校に到着した。

すると、「遅いねー、どこで遊んできたんだ」と怒るようなものである。「皆は一日で来ているよ」と赤ちゃんを責める。この赤ちゃんの例で、体力をそのまま心理的な力に置き換えると、言っていることの意味が分かるだろう。

甘いもしょっぱいも味覚が何も分からないうちに「おいしいケーキをつくれ」と言う。でもその人はショートケーキを食べたことがない。でも言われるから、がんばってつくった。そのケーキを見て、「へたねー。ケーキくらいみんなつくれるわよ。手抜きしているんでしょ」と責める。

父親は私が何かをしていると、「それでノーベル賞をもらうつもりか?」と聞いた。私はノーベル賞をもらうようなすごいことをしなければ愛されないと思った。そして必死になり、劣等感に苦しんだ。

成人してからであるが、私は青森県の森林地帯に土地を買った。すると父親は「あいつは日本の首都を青森県にするつもりなのかな」と母親に言った。

普通の人が聞いたら気が違っているとしか思えないような会話が、平気でわが家では交わされていた。父親は人が何かをするのを見るとすぐに、「小さい、小さいな。わっはっはっは」と嘲笑した。

何かすごいことを書いているようであるが、決してそうではない。このような親はいくらでもいる。何の実績もないのに偉そうなことを言っている若者がたくさんいる。「一体何様だと思っているのだ」と言いたくなるような若者である。この若者が親になれば、本質的にこの種の親になる。つまりこのような非現実的な要求を子どもにする。

父親は大学を卒業して、公務員試験を受けないで祖父の力で文部省に入った。そしてまた祖父の力である大学の教授になった。当時は、留学が学歴として最高のものであったが、父親は祖父の外遊について行って、それを留学と称していた。ある大学の学長が祖父を尊敬していて、祖父の息子である父親を採用したのである。

すべてそんな調子であった。一度として自分の力で世の中に体当たりをしていなかった。

一度でも体当たりをすればよかった。たとえば文部省に入るのに、ほかの人と同じように「高文（高等文官試験）」という、今の国家公務員試験を受けて文部省に入っていれば、そこに就職することがどのくらい大変なことか理解できたろう。そうすれば文部省を馬鹿にしなかったろう。

また一度でも本格的な論文や著書を書いていれば、あるいはよい講義をしようとしてみれば、それらのことがどれほど大変かが理解できたろう。そうすれば大学教授を「どいつもこいつも小さいんだよ、わっはっはっは」と軽蔑しなかったろう。

もちろんこれらの軽蔑は、皆劣等感からの虚勢である。でもとにかく何もしていないから、恥ずかしげもなく虚勢を張れたのである。どんな小さなことでもいいから、自分の力でしたことのある人は、虚勢であっても、「あいつは青森県を日本の首都にするつもりか」とは言わない。

何でもいい。どんな小さなことでもいい。自分の力でしてみれば、ことを成し遂げるということがどれほどの努力と情熱を必要とするかが理解できたのである。

そうしていれば、今度は人を見る時に、見る眼が違ってくる。しかし何もしていないから、物事を成し遂げる時の実感が湧かないのである。それが先の赤ん坊の例でいう学校までの距離感ということである。

自分が歩いていない。だから距離感がつかめない。

何も自分の力でしたことのない親が子どもに何かを期待する時には、とんでもないことを期待する。しかもその子どもで世間を見返そうという復讐の時には、子どもにすごいことを期待する。

「良い子」はこの期待のプレッシャーでつぶれる。

このように現実感のない親から育てられた生真面目な人が、ある知人から「お米一トン食べたいわ」と言われた。そこで必死になってお米一トンをもってきた。すると「馬鹿ね、一トン食べるわけないでしょ。あれはジョークよ」と馬鹿にされる。

「良い子」は努力しても努力しても何事もうまくいかない。

〝無意識の態度〟から受ける傷

〝立派な母親〟は子どもをダメにする

オーストリアの精神科医ベラン・ウルフが、「人々へのあなたの無意識の態度の結果が彼らのあなたへの態度です」(注9)と言っている。この無意識の重要性に気がついている人は案外少ない。実は私はこの言葉を読んだ時、背筋が寒くなるほど恐怖した。何とも恐ろしい言葉である。

日ごろから私自身がこのようなことを言っているのに、改めて人から言われると「ぞーっ」とする。

この言葉は、何か人間関係でうまくいかないことがあれば、それは自分に原因があるということである。たとえば、子どものために自分の人生を犠牲にしていると思っている母親は多い。しかし子どもは思うように育たないどころか、母親との関係もうまくいかない。中には暴力をふるう場合さえある。そこまでいかなくても黙って話をしない。敵意を抱く子どもも多い。

〝ピーターパン症候群〟の大人を生み出してくる母親は、どういう母親であろうか。『ピーターパン症候群』の著者のダン・カイリーは、「あなたが幸せなら、お母さんはどうなってもいいの」というようなことを子どもに言う母親だと言う。もちろんこのように言う母親は自分は立派な母親だと思っている。

しかし子どもは大人になれないで、利己主義で無責任で、怠惰で感情が貧困である。

つまり母親は、子どもとの関係に失敗している。

「あなたが幸せなら、お母さんはどうなってもいいの」というようなことを言う心理を、フロムは神経症的非利己主義と言う。神経症的非利己主義的な人は、自分自身のためには何も望まないと言っている。それなら関係はうまくいっていい。しかし現実にはこういう人は子どもとの関係ばかりではなく、誰との関係もうまくはいかない。

彼は非利己主義的であるにもかかわらず、自分が不幸であること、もっとも親しい人々との関係さえもがうまくいかないということに気がついて、とまどってしまうとフロムは言う。これは教育学者ニールの言うところの「最低の親」である。

最低の親とは内向的五歳児の親のことである。最悪の親とは外向的五歳児の親のことである。五歳児というのはもちろん心理的な意味である。

「関係がうまくいっている」の誤解

神経症的非利己主義的な人は、相手が我慢しているということに気がつかないで、初めは関係がうまくいっていると思っている。

この「関係がうまくいっている」と思っている時に、たいてい私たちは墓穴を掘っている。自分の子育てがうまくいっていると思っている時に、実は将来の大問題の原因をつくっているということである。

この人生に「うまくいっている」と見えて、実際にうまくいっているということは少ない。そう思っている時にはたいてい墓穴を掘っている。

小さいころ「良い子」であった子が、成長してから問題を起こすなどはその典型的例である。従順で手がかからなくて子育てがうまくいっていると思っているが、その時期に家庭内暴力の原因をつくっていたりする。

「あなたが幸せなら、お母さんはどうなってもいいの」と言っている母親は、自分が幸せになる能力がないのに、息子に恩を着せて幸せになろうとしている。もしこれがうまくいっている時には、自己無価値観を埋めながら自分のしたいことをしていることになる。それはうまいことである。しかし、このうまくいっているかに見える時、この母親は墓穴を掘っているのである。子どもは母親を嫌いになる。

神経症的非利己主義の人は楽しむ能力が欠如し、人と親しくなれない。なぜか。これこそこの人々の無意識の領域の問題なのである。この人々は無意識に問題を抱え、その無意識の中にあるものに周囲の人々は反応する。だからその人たちと親しくなりたくはない。

このような人の無意識の領域は憎しみに満たされている。「非利己主義という正面像の陰には、巧妙にではあるが、強い自己中心性が隠されている」とフロムは言う。

無意識は、その言葉通り自分が意識していない心の領域である。しかしそれは、あなたの人間関係を見れば分かるということを、はじめのベラン・ウルフの言葉は言っているのである。同僚のためにいろいろと働いているのに、同僚から親しまれない。あなたはいつも裏切られる気持ちになっている。

あなたは社会的規範を守り、会社では勤勉に働き、学校でも真面目に勉強している。会社でも人一倍努力し、学校でも人一倍勉強する模範生である。それなのになぜか親しい友だちもいないし、本当に尊敬してくれる人もいない。家庭はトラブル続きである。次第次第に八方塞《ふさ》がりになっていく。

自分にも誰にも恥じない生活をしているのだが、次第に追い詰められていく。会社でもよいポジションからはずされる。望んでいる仕事のメンバーからはずされる。

毎日必死で働いているのに、家庭に帰れば子どもが不登校になる、非行に走る、いじめ問題を起こす。自分が人一倍働いているのに、子どもは怠けて勉強もしないし、家の仕事も手伝わない。

思わず「何でなんだ!」と叫びたくなる。たしかにあなたはどこから見ても立派である。それなのに皆はあなたのように努力もしないし、真面目に勉強もしない。あなたはそれらの人たちにいくら尽くしても尽くしても報われない。

努力が報われるなら、苦しくてもこんなに生きやすい世の中はない。人のために尽くせば報われるのなら、こんなに生きやすい世の中はない。しかしこの世の中を見れば、努力が報われない人々を私たちはいやというほど見ている。

ある父親が家庭内暴力の息子を殺してしまった。その時に、どこの雑誌で読んだか忘れたが、父親の知人が「彼が息子を殺すなら、私たちは誰でも息子を殺す可能性がある」という主旨のことを述べていた。

私は「それは違う」と思った。その知人から見れば、彼は優秀で勉強家で有名大学を出て、出版社に勤めて、勤勉に働いて、真面目な夫であり、規範を守る父親であった。その彼が息子を殺したのである。それを知って知人がそのように言うのも分かる。

しかし違う。問題はその父親の表面に表れた言動ではない。表面に表れた言動がこんなに立派でも、それでことがすむというほど人間は単純にできていない。どうしても無意識の領域が問題なのである。

人間関係を支配しているのは、その人の無意識の領域である。その人は意識の世界では何の問題もなかった人かもしれない。しかし無意識の領域に問題を抱えていたのであろう。

私は詳しく調べたわけではないが、おそらくこの事件では、私は母親と姉が最もずるいと思っている。家庭内暴力の息子の暴力は、もっとも弱い父親に向かったのである。母親と姉は息子から逃げて別に住んでいる。

母親と姉は、優しいけれど弱い父親を生《い》け贄《にえ》にして、この家庭内暴力の息子から逃げたのである。つまりこの家族は、無意識のレベルで多くの問題を抱えていた家族なのである。

ところで、もしベラン・ウルフの言う通りだとすれば、親から愛されないで育った子どもはどうなるか。親から愛されない子どもは、無意識の領域に問題を抱える。そうなれば、どんなに真面目に努力しても、地獄の人生を運命づけられているということである。

事実、私は今そう思っている。つまり無意識の領域で憎しみをもったとする。その結果はどうなるか。どんなに人のために尽くしても、人から憎まれるということである。それがベラン・ウルフの言う「人々へのあなたの無意識の態度の結果が彼らのあなたへの態度です」となるのである。

非行に走る生き方と心を病む生き方

子どもが親に愛されないで育つ時には、基本的に二つの生き方がある。一つはノイローゼになる生き方。これが内向的五歳児の大人へと成長していく。もう一つは、社会的な犯罪を犯す反社会的な生き方。あるいは非常識な非社会的な生き方。

子どもが親に愛されないで育つ時、後者のように非行に走れば、その子自身の人生の問題は少ない。これは外向的五歳児の大人に成長していく。社会のほうの被害は大きいが、その子は自分の感情を晴らしている。ノイローゼになる子と違って、我慢をしていないから屈折していなくて素直である。その分だけ周囲の人々や、社会の側がひどい目に遭う。

私は本質的に人間には二つのタイプがあると思っている。一つは問題の処理をする時に人を殺す外向的タイプと、もう一つは自殺する内向的タイプである。悲劇の人生は、愛されないで育った自殺する内向的タイプの人生である。

先の家庭内暴力の例のように、親が思いあまって、どうしようもない子どもを殺すのは、むしろ人殺しタイプではなく自殺タイプである。内向的五歳児の親である。逆に殺された子どもが人殺しタイプである。

つまり、まず子どもは親に愛されていないので、やりたい放題をする。やりたい放題をするタイプは、もちろん人殺しタイプである。やりたい放題をして、親への憎しみを晴らしている。あるいは親への関心を求めている。別に親は悪いことをしているわけではない。子どもは、自分が望む時に自分の側にいてくれなかった親を憎む。子どもは、自分が望むように自分に関心を示してくれなかった親を憎む。

子どもが親を憎むのは、何も親が子どもに体罰を与えたとか、お小遣いをあげないとかいうことではない。自分に積極的な関心をもってくれなかったということで、親に反抗する。

その時にノイローゼになるタイプは、必死で社会的に望ましいことをして親の関心を得ようとする。しかし外向的タイプ、つまり何かにつけて自分を罰する自罰タイプでなく、何かあるとすぐに他人を責める他罰タイプは、ここで社会的に望ましい行動をしない。逆にストレートに憎しみを晴らす行動に出る。つまり、やりたい放題をして親を困らす。非行に走るタイプである。

非行に走るタイプは、ノイローゼ・タイプのように心の底に憎しみを蓄積していかない。我慢をしていないのだから。その時々で、憎しみの感情を晴らしている。内向的五歳児のノイローゼ・タイプはマイナスの感情をすべて押し殺す。

押し殺されたマイナス感情の反乱

そこで問題は、この「良い子」の押し殺されたマイナスの感情である。多くの人は社会的には望ましい人物となっている。行動は社会の規範に反してはいない。しかし無意識の領域に、人々への憎しみや敵意などのマイナスの感情が抑圧されている。これが内向的五歳児の大人である。つまり「良い子」が大人になった時が内向的五歳児の大人である。

つまり、「人々へのあなたの無意識の態度」というのが、憎しみや敵意などのマイナスの感情である。そして周囲は、そのあなたのマイナスの感情に反応しているというのである。

こうなると、あなたがどう努力しても、何事もうまくはいかないということになる。

もともと「良い子」のあなたは我慢タイプであるから、努力はする。社会の規範に従って一生懸命真面目に生きる。

ところがベラン・ウルフの言うごとく、あなたの無意識にあるマイナス感情の結果、周囲の人はあなたに対して、あなたの期待するような態度はとらない。

たとえば、あなたは部下のためにがんばる。しかし部下は、あなたの期待とは反対の態度をとる。あなたに感謝するどころか、あなたから離れたがる。あなたは子どものためにがんばる。しかし子どもは、無気力、怠《なま》け癖、カンニング、不登校、家庭内暴力、いじめなどの問題行動を起こす。

あなたは自分が内向的五歳児の大人であることに気がつかないで「自分がここまでがんばっているのに、いったい何事だ」と周囲の人への怒りに震える。しかし、事態はどんどん深刻化するばかりである。

子どもは、あなたのがんばっている態度に反応しているのではなく、あなたの無意識にあるマイナスの感情に反応しているのである。

しかし愛されないで育ったあなたにすれば、さまざまなマイナスの感情を無意識の領域にもっているのはどうしようもない。過干渉の親に育てられれば、誰だってマイナスの感情は抑圧する。しかしあなたの無意識の領域には憎しみがある。これは自然の法則である。

そしてその結果、あなたの人生は〝地獄〟が運命づけられる。もし人々は自分の無意識に反応するのだということを知らなければ、あなたがどんなにがんばっても、どんなに努力しても、幸せにはなれない。もと「良い子」である五歳児の大人が幸せになるために、どうしても気がつかなければならないのはこの点である。がんばってもがんばっても、努力しても努力しても、何事もうまくいかない時には、あなたの生きる姿勢に問題があるのではなく、あなたの無意識の領域に問題がある。

だからカトリック教徒の親が、ゲッベルスのような人物を生みだすのである。意識は敬虔《けいけん》なカトリック教徒でも、無意識には憎しみがあるのだろう。だから子育てに失敗するのである。

無意識だからあなたが意識することはできないが、今あなたはそこに問題があるということを認めることである。子どもをほったらかしにして自分のことをしていたのなら、話は簡単である。毎晩酒を飲んで、遊び歩いていて子どもが怠け者になったのなら、それはあなたも納得がいくだろう。外向的五歳児の大人である「最悪の親」のほうが問題は簡単なのである。

しかし、内向的五歳児の大人であるあなたは、毎晩酒を飲んでいたわけでもなく、いや逆に酒も飲まずに、ただただ真面目に働いた。働き続けた。それなのに子どもは不登校になった。家庭内暴力になった。あなたにはどうしても納得がいかない。

しかし世間の人は、家庭内暴力に耐えろと言う。先に息子を殺した父親のように真面目な人は、そこでカウンセラーの言うことを聞いて、子どもの暴力に耐えた。そのように従順なのが内向的五歳児の大人の特徴である。しかし事態はいっこうによくならない。

いや親子関係だけではない。夫婦の関係だって同じである。あなたは家族のためにただただ働き続けた。働きに働いた。自分のために何もしなかった。同僚との酒さえ断って家に帰り、働き続けた。

それなのに、あなたが定年近くなった時に、妻から離婚を迫られた。あなたはまさに「なぜだ?」と心の中で叫ぶ。何が悪いのかはまったく検討もつかない。感謝されることはあっても、離婚を迫られることはないはずだ、とあなたは思う。しかし現実には家族はあなたから離れたがっている。

そこであなたは、「誰も私のことを理解してくれない」と呻《うめ》く。誰も自分の苦しみを分かってくれないと叫ぶ。

実は、あなたが我慢して働けば働くほど、あなたの心の底に憎しみがいよいよ蓄積されていったのである。あなたが自分を抑えてがんばった分だけ、あなたの心には憎しみが増大した。そしてあなたの周囲の人は、あなたのその心の底の憎しみに反応していたのである。

内向的五歳児の親の場合、親子の役割逆転は、親の側からすれば自然なことなのである。自分自身が愛されないで育った親にしてみれば、愛情飢餓感が強いのは当たり前である。そしてその愛情飢餓感を、もっとも近い子どもで埋めようとするのは自然なことである。それは雨が空から降ってくるのと同じように自然なことである。

そして内向的タイプ、つまり自罰タイプの子どもは、その親の甘えを許す。恐怖感から親が自分に甘えることを許す。つまり「良い子」になる。そして自分がノイローゼになっていく。この人たちは「ノイローゼのサイクル」にはまっていく。

しかし残念ながら、それができないことがある。それは子どもが他罰タイプである時である。子どもは親が自分に甘えることを許さない。親から逃げてしまう。それが非行に走るタイプである。

内向的五歳児の親は、内向的子どもに絡んでいく。そして内向的五歳児の大人が再生産されていく。

内向的五歳児の親は、内向的な子どもには過干渉、外向的子どもには放任になる、迎合する。親は子どもに同じ態度をとるのではない。生物的には同じ親でも、子どもにとって同じ親ではない。「最低の親」つまり内向的五歳児の親は、子どもにそれぞれ違った顔を見せる。

内向的五歳児の大人は、何事もうまくいかない。もしあなたが努力をして努力をして、それでもうまくいかないことがあったら、それはあなたの意識の世界や、行動に問題があるのではない。それはあなたの無意識の領域に問題があるのである。

それを直視することである。周囲の人に「けしからん」と叫ぶよりも、自分の無意識に直面することである。

子どもが親を責める意外な心理

子どもが親を責めた時に、親は理解できない。その時に、一つは自分の無意識を反省すると書いた。もう一つ親を責める子どもについて理解しなければならないことがある。

まず、人が相手を責めるという心理を少し考えたい。心理的に健康な人が相手を責める時は、被害を被《こうむ》った時である。しかし、神経症的傾向の強い人が相手を責める時というのは、被害を被った時ではない。求めているものが手に入らなかった時である。

人は愛情を求めている時に、愛情が与えられないと相手を恨む。賞賛を求めている時に、その人が自分のことを「わー、すごい」と賞賛してくれなければ、その人を恨む。その人を責める。自分をほめないことで相手を責める。

人は、相手が自分が求めたことをしてくれないということで相手を責める。しかも自分が勝手に相手に求めたことなのである。認めてもらいたい人から認めてもらえないと、責める。その人を言葉で攻撃できない時には、その人を恨む。

相手を恨むことはいろいろとある。たとえば相手のために何かをする。それは相手から感謝が欲しいからである。つまり恩着せがましい行為である。そして、もし相手が感謝をしなければ、相手を責める。また相手をはっきりと責められない時には、黙っているが、心の底で相手を恨む。

だから恨まれたほうは、何で自分が恨まれたかが理解できないことがある。相手をいじめて恨まれたのなら理解できる。しかし神経症的傾向の強い人から恨まれた時には、身に覚えがないことが多い。

神経症的傾向の強い人は、恩を売って歩いている。しかも押し売りである。そしてその恩を買わない人を責める。自分は「こんなにしてあげているのに」と思っている。自分の怒りは正当だと信じている。

人間関係で不満になる人は、たいてい相手を見ていない。たとえば「俺はあいつのためにこんなにしてあげたのに、彼はひどい」と不満になっている。しかしそれはその人が相手を見て、相手の要求にそって何かをしてあげていないからである。

人間関係で不満になる人は、人が何かを頼んできた時に、「この人の言うことは危ないな、少し様子を見てみよう」と思っていない。あるいは「この人は何を求めているのだろうか、何を欲しているのだろうか、何をしてあげたら喜ぶのだろうか」と考えていない。

ただやたらに自分のできることをしてあげて、恩を売って歩いているのである。その恩を買わないと言っては不満になっているだけである。相手からすれば、ありがた迷惑なこともあったかもしれない。してほしくないことをして恩を売られているかもしれない。人との関係では何よりも相手を見ることを忘れてはならない。

親と子どもも同じである。子どもを見ていない親は一生懸命しているが、子どもは不満である。

愛情要求の強い人は、たいてい人を恨んでいる。自分が求めるものが手に入らないからである。

世間の常識からいえば、恵まれた環境にありながら人を恨んでいる人は多い。非現実的な愛を求めて、それが手に入らないからということで恨むのだから、恨まれたほうはかなわない。

神経症的傾向の強い人は、自分とかかわった人を恨んでいる。神経症的愛情要求を満たせる人はいないからである。

恵まれた環境で、なぜ家庭内暴力が起こるのか

家庭内暴力も同じであろう。何であそこまで子どもは親に暴力をふるうのか。親には理解できない。

親が小さいころ子どもを痛めつけたのなら、子どもが中学生、高校生になって親に暴力をふるっても理解できる。

しかし親から見ると、子どもをかわいがっている。病気の体にムチ打って、子どもの食事をつくってあげた。辛くても我慢して子どものお弁当をつくってあげた。子どもが病気の時には、寝ずの看病もした。父親は息子の教育費のために辛い残業もした。酒を飲む場所もワンランク落とした。

そうして親は子どもを育てた。それなのに何で子どもはそんなに暴力をふるうのか。何でそんなに親を憎むのか理解できない。子どもがそんなに復讐的になるのが親には

どうしても理解できない。親から見れば子どもに感謝されてもいいと思っているのに、子どもは親を恨んでいる。

家庭内暴力の子どもは、神経症的要求をしているのである。家庭内暴力の子どもは神経症である。そして神経症的要求の内容とは、カレン・ホルナイの解説によれば、自己中心的で、非現実的で、それにふさわしい努力をしないで、そして何よりも復讐的である。

家庭内暴力の子どもは親に復讐しているのである。それは親からされたことに対する復讐ではない。親に求めたことをしてもらえなかったことに対する復讐である。ほめてもらいたい時にほめてもらえなかったことに対する復讐である。側《そば》にいてもらいたい時に側にいてくれないことに対する不満である。

もちろんそれだけではない。実際の自分に対する憎しみを親に置き換えているところもある。自分が自分の望むような自分になれない。そこで実際の自分を憎んでいる。その憎しみを親に置き換えているのである。ただこの二つは関係している。

親が子どもの現実を無視して要求しすぎた結果、子どもが自分を尊敬できなくなっているのである。自分はほめるに値しない自分であるということを、子どもは心の底で知っている。しかしそう感じさせてしまったのは、親の高すぎる期待である。

家庭内暴力の子どもには、もう知的な部分は有効に働いていない。働いているのは復讐的な感情だけである。

外から見ると「何であんなに恵まれているのに、何が不満なのか」と思うが、そういう知的な部分は有効に働いていない。復讐的な感情を司《つかさど》る脳の箇所が、知的な部分を司る脳の箇所より優位になってしまっているのである。自分でも自分をどうすることもできなくなっている。

大草原をのんびりと歩いている時に、蛇《へび》に出会ったとする。そんな時に「こののどかな大草原、澄みきった空気、何という幸せ」とは思っていられない。その人のすべては蛇に集中している。それと同じに家庭内暴力の子どもは、親に対する反抗にすべての関心が囚われてしまっている。

自分の親に対する要求がいかに自己中心的で、非現実的で、そして復讐的であるかということを理解する知的な能力を失っているのである。それはカレン・ホルナイの言う「感情的盲目性」である。

世の中には自分のようにのらくらとしていないで、朝からきちんと働いている感心な若者がいるということを無視する。「考えてごらん、あなたの年では、もう真面目に働いている人がいるのよ。あなたはただ朝から不満そうな顔をして、何もしないで、つくってもらった料理に文句を言って……」と言っても、それを理解する知的な能力がない。

ある雨の降る日である。家庭内暴力の息子が例によって暴れた後で、天ぷらそばを一つ注文しろといった。雨の中をおそば屋さんで働いている若者が一つそばを届けた。母親はその真面目に働いている若者に息子の注意を向けさせようとした。しかし結果は、また暴力に遭っただけであった。

母親からすれば、真面目に働いているその子のようにどうして家《うち》の子はなってくれないのだと思ったのである。母親ならずともそう思う。しかし家庭内暴力の子どもには、それを理解する知的な能力はない。

もう一つある。自分が悪いと心の奥の奥の、そのまた奥底では知っている。しかし自分が悪いということを認めることはあまりにも辛い。そこで自分を守るために、反動形成として「親が悪い」と責める。つまり、自分の責任を回避するために親を責める。そうした反動形成として親を責める場合には猛烈な激しさになる。

これは何も家庭内暴力の時ばかりではない。自分の間違いを認めることができないで、相手を責める時にはその非難は激しくなる。

何かまずいことが起きている。そんな時に自分のあやまちに気づいたとする。自分にもその責任があることに気がついている。

しかしそれを認めるのはあまりにも悔しい。すると「悪いのは私ではない、悪いのはお前だ」となる。そんな時には激しく相手を責めていないと、自分の罪の意識に苦しめられる。そこでいつもいつも常に、激しく相手を非難する。相手を声高《こわだか》に罵倒している時には、その罪の意識から目を背《そむ》けられる。

依存心と支配欲の表裏関係

子どものわがままな要求を通さなかったことで、子どもが怒って友だちの家に行ってしまった。そして夕方になっても、子どもが友だちの家から帰ってこない。子どもが帰ってこないことで、親はいよいよ怒る。

しかし、なぜ子どもは帰ってこないのか。子どもはすねているのである。なぜすねているのか。すねるのは愛を求めているからである。

家を出てなかなか帰ってこない子どもを怒っている親が、その子どものことで相談に来た。親に愛を求めているのだということを説明すると納得した。その親は、子どもは自分に愛を求めているのだと気がついて、気持ちが落ち着いた。

そして、すねて帰ってこない子どもも愛を求めているのだが、自分の言う通りに動かない子どもに腹を立てている親も、実は子どもに愛を求めているのである。すねている子どもも、怒っている親も、共に相手に甘えているのである。

子どもが心理的に親に依存していれば、子どもは親が自分の思う通りに動かないと怒る。依存心と支配欲は、同じコインの裏と表である。そのことは案外多くの人が気がついている。

しかし、親が子どもに甘えている場合にも同じことが起きる。親子の役割逆転が起きている時には、親は子どもに甘えているから、子どもが自分の思う通りに動かないと心底怒る。

実は親と子どもの大激突は、たいてい親子の双方が甘えているから起きるのである。

心理的に五歳児のような親の家で大騒動が起きるのは、心理的に五歳児の親が子どもに愛情を求めているからである。子どもに甘えているからである。だから子どもが自分の思うように動かないと怒る。「親子の役割逆転」がうまくいかないからである。

しかし子どもも甘えているから、親が自分の思うように動かないと怒る。その両者の怒りが激突する。

そして抑制的タイプの心理的五歳児の親は、「もうダメだ」と頭を抱えて座り込む。非抑制的タイプの五歳児の親は、子どもを殴ったり、「もう家から出て行け」と怒鳴ったりする。

いずれにしてもお互いに甘えている親子関係は、危機的な状況が続く。お互いに許せないと思う。

自分の家だと思えない…

自分の家を「私の家」と感じなくなった子どもが増えている。そうなってしまうのには、母親の生き方に問題があるからである。最近は、生活感の欠如した親が増えているということである。

このような親たちは、親として未成熟というよりも、生き方そのものがすべて未成熟なのである。

たとえば、若者と同じで、流行に追いつくのが大変で、心理的にも子どものことまで手が回らないという母親も多い。

そうした母親は、あれもこれもしておかないと、流行に遅れてしまって周囲の人にどう思われるかが気になって仕方がない。

友だちが、「昨日、ボルドーのワイン飲んだのよ、やっぱりおいしいわね」と言えば、自分が母親であることを忘れて、自分もボルドーのワインを飲まなければとあせる。そしてこのように生活感のないことが、すばらしいことだと錯覚する。まるで原宿を歩いている若い女の子と同じ価値観なのである。

そして、生活感の欠如した親たちは、子育ても何もすべてがマニュアル通りになる。おそらく料理に各々の家の味が失われたのも、こんなところが原因なのだろう。その家の味というものがなくなった原因は、未成熟なマニュアルお母さんである。

料理もマニュアル通りだと飽きがくる。自分の家族の好みに合わせてつくるから

「家の味」ができあがってくるのである。そこで子どもは「おかあさんのカレー」という味を覚える。そこに子どもは母親を感じる。そこに家への愛情が生まれる。

こうしたことがないから、今の子どもたちは、家に対する帰属意識も失っていったのだろう。

生活感の欠如した親よりも、もっとひどい母親もいる。世の中には母親という仮面をかぶった「他人」が多い。自分の子どもがお腹《なか》の中にいたという感覚すらない。だから、産まれた「この子」すら憎らしい。あるのは物欲だけという母親もいる。

世の中には、自分の娘がガンになったのを知って、「ワッハハー」と笑う母親さえいるのである。おそらく勝ち誇った気持ちもあるのだろう。雑誌のスターがガンになったという話をうれしそうに読んで、「あの人、ガンなんですって」と話している人たちもいる。

そういう人たちは、世の中に憎しみをもっているのだろう。人の不幸が面白いのである。娘のガンを笑う母親はその心理と同じである。

両親の不和がもたらす不安

良い子は親の不機嫌を恐れる

子どもが心理的トラブルを抱えるのには、「親子の役割逆転」をはじめ、さまざまな原因がある。それは今まで説明してきた通りである。今までも説明してきたが、その原因の一つに両親の不和というのがある。

両親は実際には幸せでないのに、幸せなふりをする。ダン・カイリーは、こうした家でピーターパン人間が生まれると言う。そうした家にいる子どもは、親に安心して甘えられない。いつも不安である。

こうした不安に対する子どもの反応はその子によって違う。

ある子は五歳児の若者になり、ある子はピーターパン症候群になり、別の子は「良い子」になる。

五歳児の若者も、ピーターパン人間も、「良い子」と同じように孤独だが、従順な子ではない。五歳児の若者はどちらかというとひきこもり、ピーターパン人間は、どちらかというと友だちのいるふりをして騒ぐ。どちらも勤勉ではない。

ところで子どもが「良い子」を演じるのは、一つにはこの不安のためである。自分が「良い子」を演じることで、何とか家の崩壊を食い止めようとしているのである。少なくとも私が「良い子」であった原因の一つはこれであった。

「良い子」は、いつ崩壊するか分からない家庭にあって、自分が「悪い子」であったらよけいその危険は高まると感じる。その子が「良い子」であるのは、悪い子であることによって起きる危険を避けたいからである。少しでも親を刺激したくない、それが「良い子」を演じる一つの理由である。

それだけに「良い子」は親の不機嫌を恐れる。

親の不機嫌は、自分の存在が依拠している家の崩壊の前兆のように感じるからである。いつも何か悪いことが起きると恐れている。そして親が不機嫌になる。「やっぱり……」と感じるのである。

だから親に機嫌よくしていてもらうためなら、「良い子」はどんな犠牲でも払う。そしてこのような人は、大人になっても他人の不機嫌を恐れる。上司の不機嫌を恐れる。奥さんの不機嫌を恐れる。彼らは小さいころから自分を取り巻く世界に対する信頼感をもてないでいるのである。

大人になってから、とにかく相手の不機嫌が自分を脅えさせる。ところが、ここで一見不思議なことが起きる。相手の不機嫌に脅えながら、それゆえに相手の不機嫌に怒りを感じる。自分を脅えさせることに対する怒りと不満である。

つまり相手に対して甘えがある。相手に甘えたい。しかし相手が不機嫌では甘えられない。そこで甘えをもちながらも、相手に対して怒る。相手に甘えたい。しかし相手を失うのが怖い。そこで相手の不機嫌に脅える。しかし、相手が機嫌よくしていないことが不満である。

自分を甘えさせてくれない相手に怒る。しかしその怒りをうまく表現できない。怒りの表現が、本当に相手を失うことにつながるように感じるからである。

相手に対して安心感がある場合には、相手の不機嫌にそれほど脅えない。相手に機嫌よくしていてもらいたいと異常なほど願う者は、相手を失う不安と、相手に甘えたいという心理に支配されているのである。

不登校児が家を出られない本当の理由

そして親の不和から来る不安は子どもを「良い子」にするが、その結果として登校拒否の原因の一つにもなる。登校拒否になる子どもには「良い子」が多いことはよく知られていることである。

子どもは敏感だから、両親が本当はうまくはいっていないということを心の底で感じ取っている。そこで家には安心がない。子どもは家に信頼感をもてない。

しかし子どもは、親なしにやっていかれない。家なしには生きていかれない。親や家に対する依存心はものすごく大きい。その依存心が満足されていない。その依存心がいつも不安にさらされている。

登校拒否児にはいろいろなケースがあるが、一つの場合には家を出るときに不安だということである。自分が不在の時に、家に何か悪いことが起きるのではないかという不安である。

両親が不和なら、子どもは当然このような不安をもつ。幼児研究の権威ボールビーなどは、不登校の理由にこの心理を重視する。

彼は登校できない子どもには、家に対する信頼感がないと言う。自分の存在が依存している家に信頼感がない。いつ家が崩壊するか分からない。家の崩壊は、子どもの場合、自分の存在の崩壊である。

外側から見てどんなに立派でも、子どもが安心して自分の存在を依存させることができなければ、子どもにとっては決していい家ではない。

こうした家では、子どもは外で安心して遊んでいられない。しかし学校でも安心して勉強していられない。崩壊の不安があっても、その家にいたほうがまだ安心である。不安であれば不安であるほど、人は現場にいたがる。そこで外に出られない。

たとえば何かの事故の場合、家族はすぐに現場に急行する。飛行機事故などが外国で起きた場合、乗客の家族が日本にいても外国にいても、現実は変わるものではない。それは皆承知している。しかし現場に行かないといても立ってもいられない。報道は

「安否を気遣って現場に急行した」と言う。

そこにいたからといって、人命が助かるわけではないが、行かないではいられないのが人間の心理である。

登校拒否児が家を出られないのは、この不安の心理である。現場である家にいないと不安なのである。

登校拒否児は、家の外にいて家の安否を気遣っているより、現場である家にいたほうがいいのである。だから外に出られない。心の底の不安が彼を家に引き止める。

自分が今依拠《いきょ》している場所が不安定であるということは、子どもにとっては耐えがたい。おそらくこれが、両親がいて不和である場合が子どもにもっとも悪い影響を与えるという理由ではなかろうか。

親が一人でも、その家に信頼感があるほうがいい。

私が育った家庭というのは、外から見ると大変立派な家庭であったようだが、私はその中でいつも不安に脅えていた。両親はお互いに心のふれあいはまったくなかった。

私はそれを心の底で感じていたが、怖くて意識できなかった。またそれが怖くて、家の外に出るのが不安でたまらなかった。

中学校の時に夏の山林学校に行った。家を離れて一方で楽しいのだが、他方で不安でたまらなかった。

そして帰ってきた翌日は、お使いに行くのさえ怖かった。お使いは家の用事ではあるが、外へ出るのが怖かった。

その時の不安を今でも覚えている。そして仲間はどうして平気で家の外で遊んでいられるのか、不思議で仕方なかった。私の仲間はおそらく自分が外へ出ている間に、家に何か悪いことがあって、自分の依拠している基盤がなくなってしまうという不安をもっていなかったのであろう。

サラリーマンの中にも、家のことが心配で、会社で安心して働けないという人がいる。小さいころの不安を大人になっても引きずっているのである。現在は結婚して幸せな生活をしているのだが、小さいころの不安がまだ解消されていない。

自分の存在が依拠しているものが崩壊するという不安は、かなり深刻な不安である。小さいころの悪夢に、一生支配されて生きている人がいる。両親の不和は、子どもを一生不幸にしかねない。

小さいころの悪夢を払いのけるには、まずそれを意識化することである。

第3章

親子間のトラブルが子どもを成長させる

子どもらしくない子の問題点

情緒的に未成熟な親の元で育つと、大人になっても、他人のお気に入りになることが、人から認めてもらう方法だと信じてしまう。他人のお気に入りになることが、人から認めてもらう方法だということを親の元で学習してしまう。

ありのままの自分では、人は自分のことを認めてはくれない、そう信じてしまうのである。そうなると自分を偽り始め、ついには実際の自分が分からなくなる。

小さいころ、人は周囲の人の好意が欲しい。その好意を得るためには、甘えたくても甘えない。甘えれば立派な人になれない。甘えないで我慢しているとほめられる。そこで、甘えてはならないということを学習してしまう。

従順な「良い子」は、人から愛を得る方法として、お行儀よく振る舞う、大人の邪魔をしない、自己主張しない、騒がない、勉強する、遊ばないなどということを学習したのである。お行儀よく振る舞わなければ責められた。勉強しなければ責められた。

責められるのがいやだからそうしたまでである。

自然な子は、子どもの遊びが悪いことを知っている。でもそれをしたい。「相手をいじめたい」、「禁じられていることをしたい」、「使ってはいけない猥褻《わいせつ》な言葉を使いたい」という欲求は子どもにはある。

自然な子は、小学校の一年生で女の子のスカートをまくる。してはいけないことをすることで、彼らの中の反社会的欲求がはけていく。

子どもの場合、悪い言葉を使うことで、心理的成長がなされることもある。またいたずらで生きる知恵がつくこともある。それを彼らはずーっと「良い子」で来てしまった。

子どもは、わざと他人が困るような言葉、不快になるような言葉を使って、自分の心を満たすことがある。

「良い子」には、こうしたいわゆる子どもの世界がない。実はお行儀よく振る舞うことは、自己執着の強い親から「気に入られる方法」ではあるが、心理的に健康な人から「愛される方法」ではない。心理的に健康な大人は、お行儀よく振る舞う子どもを、必ずしも好きにはならない。普通の大人は、子どもらしい子どもを好きになる。

お行儀よく振る舞う子は大人の邪魔にはならないが、かわいくはない。無理なく自然に振る舞うことが、子どもとしてかわいいのである。

彼らは、自然な子どもの世界を体験しないまま、生きる知恵もなく、かわいらしさもない「良い子」になった。そうした生き方の結果、「良い子」の価値観は、自然な子のように柔軟性がない。「良い子」が大人になった時には、人を判断するのに、不真面目でダメな人、真面目で立派な人、この二つの基準しかない。

「良い子」のように感情のない人は、極端な価値観をもつ。人は人とふれあっていないと、どうしても歪《ゆが》んだ価値観をもつ。

そういう人は、誰と何をするにもテニス・ラケットで勝負するようなものである。バレーボールをする時も、テニス・ラケットをもち出す。バスケットボールをする時も、テニス・ラケットをもち出す。野球をする時も、テニス・ラケットをもち出す。スキーをする時も、テニス・ラケットをもち出す。外とコンタクトをとる手段が、一つのテニス・ラケットしかない。

だから「良い子」は大人になっても一生懸命努力するのだが、何をしても最後には失敗する。

イースト・テネシー州立大学のギルマルチン社会学教授が研究している恥ずかしがり屋の心理についての調査である。

大学生に「あなたは子どものころは子どもらしい子どもでなかったか」という質問をする。すると、自信のある大学生で、「子どものころは子どもらしい子どもでなかった」と言う人は〇《ゼロ》％である。刺激的な数字である。自信のある大学生は、誰でも子どものころは、仲間と一緒に子どもらしい悪さをしたり、いたずらをしたり、親を困らせたことがあったということであろう。子ども同士でいろいろな遊びをしていたということであろう。一言で言えば、「良い子」ではなかった。

それに対して恥ずかしがり屋の若い男性は、五九％が「子どものころは子どもらしい子どもでなかった」と言う。年をとっても、まだ恥ずかしがり屋の男性の七一％が「子どものころは子どもらしい子どもでなかった」と言う。

恥ずかしがり屋の大人は、子どものころから子どもらしくない。自信のある男性は、子どものころは子どもらしい。

真面目で一生懸命な子がもつ空虚感

自然な子がよいといっても、もちろん子どもを愛することはわがままを許すということではない。厳しく訓練をすることである。厳しく訓練されていることと、防衛的な意味でお行儀よく振る舞うこととは違う。

愛する能力を喪失した親に、気に入られようとして自分に無理をしているのが、いわゆる「良い子」である。愛する能力のない親は、子どもを訓練しない。子どものわがままを許す。それが放任である。

あるいは逆に、自分が子どもから愛を奪おうとする。つまり、自分の愛情飢餓感を子どもで満たそうとして、子どもに愛を求める。親から愛を求められた子どもは窒息《ちっそく》する。それが、この本の中で何度かふれている「親子の役割逆転」である。

愛する能力のない親は、子どもに過剰な愛を求めて子どもを窒息させるか、逆に子育ての責任を逃げて、子どもを放任してしまう。つまり、子どもをどう愛していいか分からないのである。親子の関係でも、どう子どもと対応していいか分からないのである。

そこで、子どもは愛する能力のない親への対応の仕方の一つとして、お行儀よく振る舞うことを選ぶ。子どもは子どもで、「愛されること」と、その場で無責任な人から「気に入られること」の違いが分からない。その場で無責任な人から「気に入られること」を「愛される方法」と勘違いしてしまうのである。

無責任な人からその場で「気に入られ」ても、後には何も残らない。だからこそ「良い子」は、大人になっても人間関係で何も残っていない。心の底にも何も残っていないのである。「良い子」は、外側は格好がついているかもしれないが、中は空《から》っぽなのである。心の空虚感をどうすることもできない。

フロム・ライヒマンはうつ病者について、その特徴は「必要と空虚」だと述べている。まさに「良い子」はその通りなのである。「良い子」はたしかに一生懸命生きてきた。しかし後に何も残らない。

「良い子」は、気に入られようとして自分を出していない。実際の自分を隠している。ここが問題なのである。実際の自分を出せば自信もつくし、人からの好意がなくても生きていかれると感じられるようになる。

「良い子」の周囲には、その子を本気で愛する人はいない。周囲には、その子と深い心のつながりをもっている人もいない。「良い子」は自分が本当に好きなものもない。心にしみる体験もない。心の支えになるものもない。もう一度言う。「良い子」は確かに一生懸命生きてきた。しかし後に何も残っていない。

「良い子」は無理して、必死でお行儀よく振る舞った。しかし、ただそれだけなのである。「良い子」は責められるのが怖くて、一生懸命勉強した。しかし、ただそれだけなのである。「良い子」は責められるのが怖くて、一生懸命親の手伝いをした。しかし、ただそれだけなのである。

岡山県の十七歳の少年による金属バットの母親殺しの事件では、さかんに家の手伝いをしていたと報道された。しかし人々は、その子がどういう気持ちで手伝いをしていたかを探ろうとしない。問題は手伝いをしているということではなく、どういう気持ちで手伝いをしているかということである。

「良い子」は、先生にも友だちにも笑顔で接した。しかし、ただそれだけなのである。何も残っていない。「良い子」はそのような生き方をしてしまったのである。

周囲の人も皆、心のない利己主義者であった。しかし「良い子」も同じであった。

一生懸命親の手伝いをしたが、その手伝いに心が入っていなかった。一生懸命笑顔を見せたが、その笑顔に心が入っていなかった。人に気に入ってもらうための笑顔で、自分を守るための笑顔である。本当に楽しくて笑っているのではない。だからその笑顔で周囲の人が楽しい気持ちにならない。自己執着的笑顔である。

神経症者の周囲には、その人を利用しようとする人が集まり、彼が神経症から治ることを望んでいないという。私はこのようなことを、精神分析の本ではじめて読んだ時にびっくりした。

それから、そのような観点で人の集団を見てみると、本当に神経症者の周囲には、ひどい人ばかりがいるのである。よくもここまでと思うくらい、神経症者の周りには、冷たい人が集まっている。まともな人がいない。これで神経症が治るわけがないと思う。

神経症者は、その冷たい人たちに気に入られようと必死になっている。お互いに心がない。コミュニケーションが成立していない。つまりそこには、心の交流がまったくといっていいほどない。

だから、「良い子」は必死に真面目に生きてきたが、その人生には何も残っていないのである。本当に何も残っていない。

無理なダイエットをすると、骨がぼろぼろになるという。中に何もなくて外側だけの骨になっているという。そ骨というらしい。「良い子」はそれと同じなのである。「良い子」が大人になって、人生を半分以上すぎた時に、その人生は外側だけで中には何もない。

人から好かれないと不安な人の悲劇

「良い子」は大人になってからも、気に入られようとして頭を下げる。しかし、相手に尊敬されることはない。相手に気に入られようと頭を下げれば下げるほど、実は相手から軽く見られる。相手に気に入られようと頭を下げている人が、どうしても気がつかないのがこのことである。

譲るだけ譲って、最後には馬鹿にされている。気に入られようとして譲る人は、最後には重んじられない。

たとえばビジネスマンでいえば、肝心の仕事は自分のところに来ない。相手に気に入られようと頭を下げた人からして見れば、「私はこんなにしているのに……」と思う。いわゆる燃え尽きタイプである。一生懸命しながらも、なぜか何事もうまくいかない。

一生懸命しながらも仕事も人間関係もうまくいかない人は、まず、自分の言動の動機を反省してみることである。そうすれば、そんなにがんばらなくても、もっともっと、いろいろなことがうまくいくということに気がつくに違いない。

相手に気に入られようと頭を下げるから、ずるい人はその心の底を見抜いてくる。心の底を見抜けば、悪い人は利用しようと思う。そして心の底を見るからこそ、その人を重んじる気にはならない。

相手から気に入られようと頭を下げる人は、頭を下げる相手を間違えているのである。いくら頭を下げてもいくら尽くしてもいよいよ軽く見られるだけの人に頭を下げている。だからこそ『燃えつき症候群』の著者ハーバート・フロイデンバーガーが言うように、燃え尽きる人は、燃え尽きた時に周囲から同情されないのである。

「良い子」は大人になっても迎合以外に適応の仕方を知らない。「良い子」は人間関係のトラブルを処理したことがない。すべて迎合と我慢で、トラブルを起こさないでやり過ごしてきた。

友だち関係でも親子関係でも、トラブルを解決することで人は人間関係の対処能力ができる。

しかも「良い子」は迎合する相手をも間違える。迎合する必要のない人に迎合する。自分を利用しようとする人に迎合していく。自分を搾取する人に迎合していく。だから挫折する。

「良い子」は、誰でもいいから迎合して好かれようとする。それは淋しい「良い子」にとって、人から好意をもたれるということ、好かれるということがそれほど大切だということである。

そして「良い子」は、誰に対しても何事でも「いや」と言えない。自分が頼りないから、他人から好かれないと不安なのである。

「良い子」は「この人」に愛されようとか、「この人」に誠意を尽くそうとかはしない。誰でもいいから愛されようとする。自分をほめてくれれば、それだけでその人を良い人と思い、好きになる。

人は母の愛によって、「あの人はいい人」かどうかを見極める眼力ができてくる。

食べ物の味で考えてみよう。

この食事のどれかに、毒が入っているかもしれないと言われたとする。しかし本人は、味が分からないとする。味が分からないが食事をしなければならない。

そんな時に腐った味が分かれば、腐って毒になる食べ物があると知っても怖くない。

この世の中には、オオカミのような悪い人がいると言われても怖くはない。

また、人の言葉をどのレベルで受け取ればいいかを、母親との関係で学習する。あの目つきで言っているときには本気にしなくてもいい、あの雰囲気の時には、約束を守らないとひどく罰せられる、などを体で理解するようになる。母の愛が欠如していると、生きるのが怖くなる。「良い子」は、この母親の愛がなくて育っているのである。

迎合以外に人とつきあうすべを知らない「良い子」は、腐った味が分からないから、毒の入った食べ物を食べてしまう。

心に〝パスポート〟をもて

少年による五千万円恐喝事件といわれるものが話題になったことがある。十五歳の少年三人が、同じ十五歳の少年を恐喝して五千四百万円を脅し取った事件である。最初は「五千円を貸してくれ」だった。それが少しずつ増えて、最後は一度に何百万円も脅し取られていた。この母親は夫の死亡保険金三千万円を使ってしまう。母親は、「おカネを渡しているのに子どもが殴られて帰ってくるのでは、渡さなければ何をされるかわからない」と恐ろしくなった。

この母親は、なぜ自分が狙われたかということを考えなければならない。それなのにそれを考えていないということは、この母親は基本が分かっていないということである。「おカネを渡して」迎合すれば、さらに搾取されるだけなのである。

ウサギはなぜイヌに狙われるか。クマが狙われるわけがない。この母親は自分がウサギだから狙われたのだということを理解していない。「おカネを渡して」自分がウサギだということを見せるから、もっと搾取される。

この母親と同じ間違いを私たちは犯す。この母親は、自分たちを脅す少年たちを、自分と同じ種類の人間だと思ったのである。同じウサギと思っている。

この母親なら相手がお金を出したら、それ以上、相手をいじめないだろう。しかし相手は、この母親と違う種類の人間である。だから「それ以上いじめないだろう」という母親の予想ははずれる。

母親は、相手が自分と同じ人間だと思うから、「これだけお金を出せば許してくれるだろう」と思う。しかし違う。もし相手が母親と同じ種類の人間なら、この母親が予想するように事態は進むだろう。しかしこの母親と少年を脅している少年たちは、違う種類の人間だから、母親の予想したようには事態は進まない。

私たちは相手を予想するときについ、こうなったら相手はこうなるだろうと思う。しかし、たいていは違う。

「良い子」はだいたいがウサギなのである。皆に狙われている。そこが「良い子」は分かっていない。迎合したら、ひどい目に遭うということが分かっていない。

私たちは、外国に行く時にはパスポートをもって行く。そして、自分たち日本人と外国人は違うと思っている。そして違うということを体験しては、カルチャーショックだと騒ぐ。
しかし、同じ日本人でも違う人はいる。私たちは人と接する時には、心にパスポートをもたなければならない。

幸せになる努力、不幸になる努力

相手に気に入られようと頭を下げる人は、相手を見ていない。「相手が自分を軽く見たな」と気がつかない。相手の心を見ない。

もう、ただただ頭を下げる。何の効果もないのに必死で尽くす。つまり、燃え尽きる人は、しなくてもいいことを必死でしているだけなのである。そんなになるまでがんばらなくても、物事はうまくいく。

燃え尽きタイプの人は結局、最後は上司にも同僚にも信頼されていない。親しまれてもいない。そこまで努力し、がんばりながらも、最後には皆から尊重されていない。

つまり彼らはしなくてもいいことを、必死になってしていただけなのである。「がんばらなくては……」と本人は思っているだろう。しかし、がんばる必要などどこにもなかったのである。

極端にいえば、仕事をさぼって遊んでいたほうが結果はよかった。仕事を断って寝ていたほうが結果はよかった。もともと、その仕事をしないで、自分の好きな遊びや勉強をしていたほうが結果はよかった。

相手に気に入られようと頭を下げている人が、分からなければならないことがある。結果は、頭を下げないほうがよかったということである。馬鹿にされるくらいなら、頭は下げないほうがいい。当人も、頭を下げたくて下げているわけではない。

若いビジネスマンの中には、人脈を広げたくて、いろいろの会合に顔を出したり、自らいろいろな会合を主催している人がいる。見ていると効果のある人もいれば、そんなことしないほうがいいのに、と思われるビジネスマンもいる。無理をしてするから皆にいやがられている。人脈を広げるどころか、「あいつはうるさいやつだ」と思う人を増やしているだけなのである。

有名な作家などでも、売れている時には周囲にたくさん人が集まる。いいところに事務所を構えて羽振りもいい。しかし売れなくなると、潮が引くように人が去っていく。高級な事務所を閉鎖するころには、周りには人はもういない。

その作家は嘆く。何て人は冷たいのだろうと。しかし見ていると、冷たい人がその有名作家の周囲に、蜜を求めて集まったのである。その作家も蜜を与えることで、周囲に人を集めた。その作家の姿勢が問題でもあったのである。

その有名作家は、心の底では自己蔑視に苦しんでいた。だから、人が本当に自分を好きになってくれるということが理解できない。そして利益を人に与えることで、人の好意を得ようとした。もちろん利益といっても、広い意味での利益であるが。

その結果、利益を求める人だけが周囲に集まり、誠意のある人は去っていった。その作家も、無理して人に利益など与えることはなかったのである。何もしないほうがよかった。周りの人に利益を与えたからこそ、孤独で不幸な晩年を迎えなければならなくなったのである。

たしかに燃え尽きタイプの人は努力する。がんばる。人にいろいろと尽くす。しかし物事はうまく回転していかない。それは、その努力の仕方が間違っていたからである。努力の動機が間違っていた。彼を消耗させた努力は、しなかったほうがよかった。彼はがんばらないほうが幸福になれた。

燃え尽きタイプの人は、努力をやめて、自分の心の底を見つめることである。辛い努力を続けるよりも、そのほうがよほど大切である。そして自己蔑視と正面から向き合う。そうすれば、物事は今までのように、がんばらなくてもうまくいく。辛い努力をしなくても、幸運がその人を助ける。

厳しいことをいえば、辛い努力に努力を重ねながらも、なぜか、悪いほうへ悪いほうへいってしまったのは、日々の生き方が間違っていたからである。日々の心がけが問題である。

日々の生き方として、人の評価ばかりを気にしていたとか、人に迎合することで、人の関心を得ようとしていたとか、そのような日々の生き方が、大きな仕事での結果を左右している。人間関係でも、どうしてもずるい人を周囲に集めてしまう。日々の生活で人の悪口ばかりを言っていて、肝心な仕事がうまくいくなどと望んでも無理である。辛い努力をしてがんばりながらも、なぜか運に見放され続けているのは、日々の生活の垢《あか》が出てしまったのである。

多くの場合、迎合は保護を受けない。そこに気がついていないのが、「良い子」の悲劇なのである。また「良い子」を育てた親の罪の大きさなのである。自分に迎合してくる子どもを見て、こんなことではこの子は大人になってどうなるだろうとは、親は思わない。

何度も言うように、従順な人が必ずしも相手から尊ばれるわけではない。それはまことに人生の悲劇というべきであろう。相手に好かれ尊敬され、尊ばれるために自分を犠牲にしながら、結局は相手から都合のいい存在としてしか扱われない。

相手に気に入られよう、そして相手から保護されようと願う人は、現実の世の中では逆に相手から搾取されることが多い。要するに、悪い人になめられてしまうのである。迎合するから、ずるい人のゴミ捨て場になるのである。

「良い子」は大人になると、相手の保護を求めることで、自ら進んで犠牲者の役割を演じやすい。気に入られよう、そして保護されようと願うことで、関わってはいけない人と関わってしまう。

迎合して生きる人の末路

現実の世の中では、迎合すれば利用されることが多い。「良い子」の親は、利用されるような人をつくっているのである。それは、親がまさにその子を利用しているからである。

自己執着の強い親が、自分に都合のいい子どもに育て上げたのである。それはずるい人間すべてにとって都合のいい人間である。ずるい人なら誰でも、その「良い人」を利用しようとする。

「良い子」が大学時代に無気力にならないで、その年齢を乗り越えたとする。そして会社に入ったり、役所に入ったりする。中には政界を目ざす人もいるかもしれない。そして、その人の愛情飢餓感があまりにも強いと、自分の感情を見失うまで相手の期待に応えようとする。そこで上司や同僚に評価され、受け入れてもらうために、無理をして働きすぎるビジネスマンがいる。

働きすぎて、途中で燃え尽きるビジネスマンがほとんどだが、まれではあるけれど中には、がんばってがんばって役員クラスまでいく人もいるだろう。そうして会社が何かスキャンダルに巻きこまれる。その時に、その処理の手段として使われてしまうのがこの元「良い子」である。

よく、「とかげのしっぽ切り」といわれる処理の仕方がされる。本当に悪いやつは生き延びて、その周辺の誰かが犠牲になる。その時に生け贄《いにえ》として利用されるのが、この保護を求めて上司に迎合して役員にまで出世してきた「良い子」である。

政治的スキャンダルにしろ、企業のスキャンダルにしろ、スキャンダルの処理に使われるようなビジネスマンは、自分の人生はすべて人に利用されるためのものであった。ずるい人の利益のために、必死でがんばって生きてきたようなものである。

いったいその人の人生は何だったのか。人生の最後に、会社のスキャンダルの処理に利用されるくらいなら、大学生の時に無気力になって挫折していたほうがずっとよかった。辛い人生はそこまでだった。人に利用されるのもそこまでだった。そこから立ち上がって、新しい人生が始まっていた。

しかし、会社のスキャンダルの処理に利用される人は、そのために長い人生をただ努力と忍耐とでがんばって生きてきた。楽しいことは何もなかった。そして最後には一番辛い仕打ちに遭って人生を終わる。

何か社会的な事件があると自殺する人が、この保護と迎合との関係の中で生きてきた自我未確立の人である。それが「良い子」の最後の姿である。

生き方を間違える人は、本当の仲間を間違える人

迎合の恐ろしさをイソップ物語風に説明したい。迎合して生きる人は、年をとって「私は何だったのか？」と悩むことになる。迎合して生きていると最後には、何もなくなってしまう。

ウサギがその時はウサギらしい生き方をしていなかった。だから、生きていて何となく楽しくなかった。そしてキリンの集団の中に入って遊んでいた。ウサギは草を食べていた。そして自分がとれる草をキリンにあげた。

夕方になりキリンは長い首を使って、高い木の葉を食べ始めた。その横にはもう草はなかった。ウサギは一緒に遊んだのだから、キリンは自分に木の葉を取ってくれると思っていた。

ウサギは、「ちょうだい」と言わなくても、キリンはきっとくれると思っていた。

しかしキリンはくれなかった。キリンはおいしそうに、自分だけが木の葉を食べてい

る。

それを見てウサギは、「いったい、自分は何だったのか」と思った。そしてウサギはキリン集団を離れて、一人で夕焼けを見ている。

生き方を間違える人は、仲間を間違える人である。このウサギと同じなのである。キリンの仲間に入っていくウサギの心理が、自己蔑視している人の心理である。そして何よりも迎合する人の心理である。

迎合する人は、迎合することで自分を守ろうとしている。迎合すれば、相手は自分を気に入ってくれると思っている。そして自分を守ってくれると思っている。相手に迎合するのは、相手から保護を求めているからである。

しかし、迎合する者は、求めているものを手に入れることはできない。こちらが迎合すれば、相手はこちらを都合のよい存在と思うだけである。迎合すれば利用される。迎合する者は、それに気がついていない。

迎合する者は弱い。「ずるさは弱さに敏感である」といわれるが、迎合して生きていると、周囲にずるい人ばかりが集まる。

あっちにもこっちにも迎合し、八方美人になって消耗し、最後にはうつ病になった人などは、このウサギと同じなのである。「キリンはきっとくれると思っていた」ウサギなのである。

ではこうなってしまったら、ウサギはどうしたらいいのか。一人で夕陽を見ていても何も解決しない。キリンが自分のことに気がついてくれるのを待っていても、気がついてくれないだろう。今からウサギの仲間のところに帰ろうとしても、もう夕方である。無理をして帰れば、暗くなって危険である。

ここはゆっくりと体を休めて、朝の状況を見ることである。そして自分の生き方の間違いを認めて、明るくなってから出直すことである。

もう一つの不安

ところで不安には、現実的な不安と神経症的不安と二種類ある。「良い子」の不安は現実的不安ではない。神経症的不安である。

現実的不安とは、比喩《ひゆ》的にいえば、ウサギがピクニックに行こうとしている時に、オオカミに会わないだろうかという不安である。留学する国の言葉がよくできない人が、自分は大丈夫だろうかと思う不安である。この給料で、家を建て始めてしまって大丈夫だろうかという不安である。

もう一度比喩を使えば、現実的不安とは、木は水が欲しい、でも明日も晴れかもしれない、どうしようという不安である。

それに対して、神経症的不安とは、自分が自分ではないというところから生まれる不安である。親が実際の自分とは違う自分を期待し、それに応えようとしたところから生まれる「良い子」の不安である。

人は、迷子になったら、言葉をかけてくれる人を「良い人」と思ってしまう。それは不安だからである。迷子になったら、人さらいでも良い人と思ってしまう。不安な人は人さらいでも善人と思う。

そして人は不安だから、悪い人にひっかかる。外国で、とんでもない男に日本の女性がひっかかるのは、好奇心もあるが、もう一つは不安だからでもある。その悪い男をものすごく魅力的な男と思う。そして慣れた土地に戻ると「なーんだ」となる。

神経症的不安は分かりにくいので、現実的な不安の比喩を使ってそれを説明したい。

外国の山を登っている時に、道に迷ってしまった。不安である。どうしていいか分からない。その時に山小屋が見つかった。そこに、はじめて見る炭焼きのおじさんがいた。すると、その山小屋の炭焼きのおじさんを良い人と思うだろう。そこにいさせてもらえば、「すいません、すいません」と言って、そこにいることになる。そのおじさんがひどく気難しい人で、いつもイライラしていても、良い人と思ってしまう。そのおじさんが、迷いこんで来た人を労働力と思ってこき使う人でも、良い人と思ってしまう。

自分の無力を感じた時には、「働け！」と罵倒されても、「すいません」と相手についていくだろう。

大人になって問題を起こす「良い子」と、その親の関係は、この迷子と気難しい炭焼きのおじさんの関係になってしまっているのである。「良い子」は一人で道に迷っているような子なのである。不安で淋しいのである。

そのおじさんの言いなりになって二十年生きて、おじさんが死んだ。相手の顔色をうかがって二十年生きていても、生きる知恵は何もついていない。おじさんが死んで、どうしていいか分からない。

これが従順な「良い子」が大人になった時の姿である。つまり、「良い子」は大人になって不安である。するとそこに、おばさんが来た。そのおばさんにほめられて、今度はおばさんに言われるままに、井戸水を汲《く》んで生きることになる。

いわゆる従順な「良い子」は、どこかでゼロになる覚悟を決めて再出発しない限り、常に誰かの道具として生きることになる。

「言うことを聞けば気に入られる」という思いこみ

従順であることが、相手に気に入られることであると思いこんでいる人がいる。父親の言いなりになることで父親に認められてきた人は、大人になりビジネスの世界に入っても、相手の言いなりになることが相手に気に入られることだと思う。

そして、それが一番仕事の成功に結びつくと思っている。小さいころは確かに父親の言いなりになっていることで、事態はうまくいっていたかもしれない。しかしビジネスマンになってからは、相手の言いなりになることがビジネスの成功に結びつくとは限らない。

つまり「良い子」は大人になっても、相手の言いなりになることで、相手に気に入られ、それで相手が自分のことを尊重してくれる、相手は自分のことを保護してくれると思う。

「良い子」は相手の言いなりになることで、相手に気に入られ、良好な関係ができることで、結果として仕事の成功に結びつくと思いこんでしまう。相手の言いなりになることで、相手になめられ、結果としては大損をするとは思ってもみない。

子どもが成長するのは、両親に気に入られるために「良い子」でなくても許される時である。

失敗しても、怒られて見捨てられる心配のない時である。

『自由からの逃走』という名著を書いた社会心理学者フロムは、「報いとして与えられる愛(注10)」ということを言っている。それは、相手を喜ばせたという理由で愛されることである。そしてこの愛は、「究極まで分析してみれば、その人はただ利用されたのみであって、結局は愛されていないのだという苦い感情を容易に残すことになる(注11)」と言う。

「良い子」はいつも親を喜ばせようとしていた。そして親を喜ばせたから、親から「愛された」。

フロムの言葉を使えば、「良い子」は親から「愛されたのではなく、利用されたのである」[注12]。「良い子」は「報いとして与えられる愛」という意味では愛されたかもしれない。しかし本当には親から愛されていない。

「報いとして与えられる愛」で育つ苦しさ

がんばったから愛される。
我慢したから愛される。
いい人に振る舞ったから愛される。
耐えているから愛される。
何でも受け入れているから愛される。
美人でいれば愛される。
教養があれば愛される。
お金があれば愛される。

愛されることは、ある条件を満たしていることだと思って生きている人は、いつか生きることが苦しくなる。

生きることが苦しい人は、愛を求めているが、愛することはできない。

苦労しなければ、愛されないと思っている人は、自分から愛することはしない。簡単に愛を与えることがくやしいから。

二人の人がいる。

一人は、あなたの欠点も知っていながら、それでも、あなたのこんなところがすばらしいとほめられて育ってきた。自分のよさを認められたあなたは自信をつけた。この人は絶対、自分のことはわかってくれると、愛の中で強い信頼が生まれた。

もう一人である。「あなたはここをがんばればもっと幸せになるのよ」と励まされた。その期待に一生懸命がんばった。はげましてくれた人の期待を裏切ることはできない。そうしていつも、「がんばればできるじゃないの」の一言で安心してきた。これで嫌われないと思うからである。こうして、いつも人に嫌われないために毎日をがんばっている。

あなたはこの二つタイプのどちらの愛で育ったのか。

二番目のタイプの人は、毎日一生懸命生きている。しかし、一生懸命がんばっているのに、なぜか虚《むな》しい。それは「愛」を求めていながら、「愛」の本質を知らないからである。

自分に無理をして得た愛は、本当の愛ではない。

本当の愛の関係

一生懸命やらなければ、怒られる。一生懸命やらなければ、責められる。それでは自分の存在そのものには、何も意味がないことになる。相手に何も与えないで維持される関係が、本当の愛の関係である。

保護と迎合は、年貢を納めて土地を使わせてもらっている小作人と地主との関係である。たとえ愛されても、それは年貢を納めたことの報いとして与えられる愛である。

「良い子」は「そんな関係はいらない」と思えない。「良い子」は相手に何か利益を与えることで、関係を維持しているので、それは愛ではない。それは、基本的には迎合である。部下が上司に迎合するばかりではなく、上司も部下に迎合する。そんな上司は、どんなに威張っていても弱い。

そして「良い子」が不満になる時がある。あれだけ年貢を納めたのに、保護してくれないのはひどいと思うからである。

保護を求めての迎合と、お互いに助け合うということとは違う。迎合は動機が恐れである。人は、その恐怖を乗り越えて強くなる。

「良い子」は、保護や愛を求めて親に迎合しているのである。いわゆる「良い人」というのは迎合する人である。保護を求めている。相手に与えることで、相手をなだめている。迎合は年貢を納めることである。

先生にとって「良い子」とは、先生にとって都合のいい生徒になることである。友だちにとって「良い子」とは、友だちにとって都合のいい人になることである。親にとって「良い子」とは、親にとって都合のいい子どもになることである。だから「良い子」は、どんなに気に入られても、自分に自信はもてない。

長いこと小作人で生きていると、小作人の心になってしまう。年貢を納めなければ、土地は使えないものと感じてしまう。理屈抜きにそう感じる。

また年貢をもって歩くから、つきあう人を間違えるのである。年貢は地主しか受け取らない。つまり利己主義でずるい人しか「年貢」を受け取らない。搾取する人しか「年貢」を受け取らない。

心理的に健康な人は年貢を受け取らない。そこで「良い子」は他人と、小作人と地主のような関係しかもてないのである。「良い子」はそれが身についてしまっている。相手が年貢を受け取らないと、自分は嫌われたと思う。

「良い子」は、さっと相手に都合のいいことをしようとする。相手に都合のいいことをしようとする人は、相手を愛しているわけではない。

心が小作人で、立場が地主になると、皆から軽く扱われて利用されるだけの人になる。つまり、「良い子」が成功してお金持ちになると、利用されるだけの人になる。

真面目で勤勉なメランコリー親和型のような人が、人に何かをしてあげることで関係を維持するのは、もともと「良い子」の関係しかつくれないからである。メランコリー親和型のような人の他者への尽力は迎合であり、年貢である。年貢を納めないで畑を耕していると、怖くてしょうがない。

「良い子」は、自分の力で生きていける自信はない。一度の失敗の体験によって、自信を失う。自信がないから「良い子」は前向きにはなれない。そこで保護を必要とする。

反抗期がないことの大問題

いわゆる「良い子」は、親が喜ぶだろうと思うようなことを言う。そして親の喜ぶようなことをする。そして実際に喜ぶ時はいい。その一時《いっとき》は心理的に安定する。

しかしこれは、実は長期的に見れば、親にとっても子どもにとってもよくないことでもある。つまりそれが、やがて二人を破滅に向かわせるということがある。

その破滅が、たとえば家庭内暴力である。家庭内暴力を起こす子どもは、第一次反抗期がない。それは自己執着の強い親にとって喜ばしいことである。しかしこれは、子どもが親にウソをついていることである。子どもが不満を抑えていることである。

その時のその場の問題を解決するために、もっとも安易な方法が迎合である。しかし実は、迎合は問題を解決しないばかりではなく、問題を深刻化させているだけである。

親と子どもが、その場その場で正面から向き合いぶつかり合うことは、双方にとって辛いことである。エネルギーのいることである。迎合という「逃げ」が、もっとも安易なその場の解決方法である。

だから親子ばかりではなく、人々は人間関係問題の解決方法として迎合に頼る。迎合ばかりではなく、自閉もそうである。逃げることが、最も安易な問題解決の方法である。

家庭内暴力を起こされるような親は、もっとも安易な子どもの「愛し方」をしていたのである。子どもを愛するということは、時間がかかるであろう。エネルギーもいるであろう。延々と話し合うこともあるだろう。子どものいやがることを、力で教えなければならないこともあるだろう。

もっとも安易なのは、自分が子どもを気に入った時に「良い子だなー」と言って、子どもの頭をなでることである。自分の劣等感を癒すようなことを子どもが言った時に「良い子だなー」と言って、頭をなでていることが、もっとも安易な「愛する」方法である。単純にいえば、これは「親子の役割逆転」にすぎない。親が子どもに甘えているにすぎない。

子どもにとっても、親の気に入りそうなことを言って親に気に入られているのが、もっとも安易な生き方である。双方とももっとも安易な方法をとっていたから、その関係が最終的に破滅したのである。

「母なるもの」の体験

ある時、私は物心ついてから「自分は、この家の子どもだ」という感覚をもったことがなかったと気がついた。私は生まれてから心の世界では、ずーっと自分の家というものがなかった。いつも私は、泊まりこみの使用人であった。それも年中無休で、無給の使用人であった。

私は親という感覚が分からなかった。「母親」という言葉は知っていたが、「母親」という感覚はなかった。「母なるもの」に接していないから、「母親」というのがどういうものか感じたことがなかった。

甘いという言葉は知っているが、甘いものを味わったことがない人がいるとする。そういう人が「甘い」という言葉を使うように、私は「母親」という言葉を使っていた。

「母なるもの」をまったく体験しないということは、自分の内に生きる支えがまったくないということである。そういう人は生きる土台がない。その後の履歴がどんなに輝かしくても、何かあると生きていけない。上の建物がどんなに立派でも、基礎工事のない建築物が小さな地震で倒壊するようなものである。

私にとって、親はいつも主人であった。自分を雇ってくれる主人であった。どこでも雇ってくれない自分を、温情で雇ってくれた主人であった。私は家族の使用人であった。

私は親というものを知らなかった。親という名の雇用者がいた。雇用条件は信じられないほど悪かった。ちょうど、娘が売られる時に借金がついて雇用先に行くようなものであった。

昔、娘が売られる時には借金つきであった。買ったほうは親にお金を払っている。

つまり娘は親のもらったそのお金を、働いて雇い主に返すのである。

私はどこからか、親のところに借金を背負って売られてきたような存在であった。その借金を返すまでは、自由の身にはなれない。しかし、それは一生働いても返せないほどの莫大な借金であった。

いずれにしろ、一般的にいって、「良い子」は他人の家にいる。他人の家だから、行くのにもお土産をもっていかなければならない。家賃を払わなければならない。「ずいぶん食べるわね」という母親の言葉は、自分の子どもに対する言葉なら喜びを表すし、他人の子どもに対する言葉ならいやみを表す。そして、そう言われた他人の子は傷つく。

ただ何もしなくても、その家にいてもいいという感覚が、自分は「この家の子」という感覚であろう。それが「良い子」にはない。その家にいさせてもらうのに、自分は絶えず何かをしなければならない。

親も親で、自分は家に子どもを置いてあげていると思っている。「良い子」は家に置いてもらっているのである。

つまり「良い子」は、自分はそのままでは受け入れてもらえないと感じている。そのままの自分は、家で拒否されていると感じるからこそ、「良い子」になったのである。子どもが最初から良い子であるはずがない。

家で拒否されていると感じる「良い子」は傷ついている。その心の傷こそが、「良い子」のすべての行動の根本的な動機なのである。

子どもが「僕のお母さん」と感じるのは、
自分の絵を額に入れてくれた時。
自分の写真を部屋に飾ってくれた時。
冷蔵庫にもトイレにも自分の写真がある。
そこで子どもは自分の家と感じる。

母親がアイロンをかけてくれる姿を見る時。
寝間着をたくさん用意しておいてくれる時。
そんな時に、子どもは家の中に母の匂いを感じる。

第4章
小さなことで「自信」は育っていく

「桃太郎」に学ぶ子育て

その子の成長に合わせた育て方

有名な桃太郎の話である。

ある日、おばあさんが川で洗濯をしていると、川上から桃が流れてきた。おばあさんはそれを家にもって帰った。すると桃が割れて、そこから桃太郎が生まれてきたという桃太郎の話は、誰もが小さいころに聞いている。

おばあさんは桃太郎に「ばー」をしてあやしても、桃太郎は黙ったままだったということが一つ気になっていた。おじいさんがニコッと笑っても桃太郎は知らん顔だった。おじいさんとおばあさんは「困ったものだ」と気にかけていた。「どうしてこの子は口をきかんのじゃろう」と悩んだ。

しかし桃太郎は、ご飯を一杯食べれば一杯ぶん、二杯食べれば、二杯ぶん大きくなった。しかし「いっこうに働かないで、昼寝ばかりしていた（注13）」。

ある日のこと、村の子どもたちが山へ柴刈りに行かないかと桃太郎を誘った。しかし、桃太郎は、「今日は、柴を刈る鎌がないから、行かない」と言って、昼寝をしていた。

次の日は「今日は、柴をたばねる縄がないから、行かない」と言って、昼寝をしていた。

次の日も「今日は、柴をかつぐ棒がないから、行かない」と言って、昼寝をしていた。

そのまた次の日に村の子どもが「山へ柴刈りに行かないか」と誘った。すると今度は「それじゃあ、行こう」と言った。

ところが桃太郎は、山に行っても柴を刈らないで寝ていた。やがて皆が「もう帰るぞ」と言うと、桃太郎は大あくびをして立ち上がり、大きな松の木を根元から引っこ抜いた（注14）。

つまり桃太郎の成長は、一般の子よりも遅い。

いつまでも昼寝をしている。それをおじいさんおばあさんは許している。だからある日突然、役に立つ子になる。

ある時期までの桃太郎は怠け者だったのである。その桃太郎が、時期が来て、「オレはこれから鬼ヶ島へ鬼退治に行く」と言い出す。

その時に突然、「やるぞー」と桃太郎は大声を出した。村を襲う鬼退治に「オレは行く」と言う。当時、鬼ヶ島の鬼が村に出て、子どもをさらったり村を荒らしたりしていた。

声を出さないでいる時に、桃太郎はじっと心を固めていたのだろう。その時に親に迎合していない。親の顔色を見ていない。だから親を守り、村を守る桃太郎になれたのである。

かわいがられて成長した桃太郎には守るべきものがある。しかし愛を知らない「良い子」には守るべきものがない。

おばあさんのつくってくれた吉備団子《きびだんご》をもち、おじいさんのつくってくれた晴れ着を着て、桃太郎は鬼退治に出発する。

桃太郎にとってそれは、日本一の吉備団子である。

親は子どもが生きていくための知恵を授《さず》ける必要がある。それを象徴的に表しているのが、桃太郎の吉備団子であり、晴れ着である。

では、なぜおじいさんおばあさんは桃太郎の成長を待てたのか。それは、おじいさんおばあさんが、桃太郎が生まれる前でも幸せだったからである。そこに桃太郎を授けられた。

おじいさんおばあさんにとって、桃太郎という存在が生きがいであった。おじいさんおばあさんは、この年になって子どもの心を育てられるようになっている。そしてそれができる自分の体力に感謝をしているのではないだろうか。

桃太郎には桃太郎の世界がある。周りの子が先に柴刈りに行ってもそれでいい。

この生活を、桃太郎の側から見るとどうなっていたか。

おいしいご飯を食べて、昼寝をして、ゆっくりと眠れた。

ぐっすりと眠れた。スッキリと目が覚める。

おいしいご飯を食べる。おじいさんおばあさんは自分の世話をしてくれる。桃太郎はこの生活がいい。こうして育てられれば、桃太郎は食べても食べても、負い目がない。

時間が経てば、桃太郎は何かをしなければならないと思うだろう。「この生活を守ろう」と桃太郎は思うだろう。この生活を守るために、この幸せを守るために、おじいさんおばあさんを守るために、村を守るために自分は働こうと思うだろう。そういう気持ちになって、自分から鬼退治に行く決心をする。

〝見返り〟は期待しない

桃太郎の子育て成功の理由は何か。

① その子の成長に合わせた子育てをした

おじいさんとおばあさんは、その子の成長の時期を見ていた。

② 気づいた時には時が経っている

桃太郎が「おいしい」と言う。すると「もう一つ食べる？」と言ってくれる。桃太郎は「いや、もういい」と自分で判断できる。お昼寝をする。「まだ寝ていてもいいよ」と言ってくれる。

しかもおじいさんおばあさんには、ここまでしてあげているという恩着せがましさがない。いつか報われるだろうと期待しているのではない。ただただ、夢中でそうしているうちに時が経って、力持ちの桃太郎になっていた。

結局、おじいさんおばあさんには、計算がない。いつも素直な気持ちで桃太郎を育てている。必死で育てている。

見返りを期待しないで子どもを育てた場合には、親孝行の子どもになることが多い。桃太郎の場合も、「おじいさんおばあさん、あの時ありがとう」という形で子どもから返ってくる。

これは花を育てる場合も同じことである。水と肥料と日光が必要だろう。そのうえに、その花の性質を考えなければならない。花は水が多すぎると咲かない、日光に当てすぎても咲かない。水、肥料、日光を加減しながら育てていく。

木も丹精して育てなければ実らない。後でうまいものをとろうというような気持ちがあっては柿の木は実らない。そういう気持ちでは人は育てられない。

子どもが一番欲しいものを与えているか

立派な人がなぜ子育てで失敗するのか

まえがきに書いたように、有能な社会人が必ずしも親として望ましいわけではない。有名な東大教授の息子が、おじいさんを殺した。そのおじいさんも有名な東大教授であった。この事件が起きた時に、社会は大騒ぎになった。

そして自分の息子が自分の父親を殺すという悲劇を体験したその学者は、テレビで「私の子育ては完全に失敗だった」と言った。子育てで失敗をしても、彼は学問的には有能であった。

それに対して、学歴はまったくないが、子どもを優しい心に育てる母親も多い。子どもにとって、この母親は植物を育てる「太陽」なのである。

子どもが求めているものは、社会的に高い評価をされる学問的な能力でも、ビジネスで大成功するビジネスマンの能力でも、国の指導者になる大政治家の能力でもない。

あるアメリカの本に、子どもを虐待するグロリアという母親の例が出ている。彼女は学業においても、職業においても成功しているのだが、子どもを虐待している。彼女自信が小さいころ虐待を受けて、「虐待のサイクル」(注15)に入ってしまっているのである。グロリアは、社会的には有能でも、子どもにとっては最低、最悪の母親であろう。子育ての能力と社会的成功の能力とは違う。

この悲劇を体験した日本の有能な学者も、もし「自分は学者としては有能だけれども、親としてはそれほど望ましい人間ではない」とはじめから自覚をしていたら、この悲劇はなかったであろう。

この自覚が子どもへの優しさになる。それは子どもに伝わる。この学者には、この自覚がないから子どもに厳しくなる。もちろんこの場合にも母親は出てこなかったが、問題である。

すべてに有能な人など、この世の中にはいない。大切なのは、自分の能力の限界を自覚することである。そして人を動かせるのは、こちらがその人の求めるものをもっているからである。子どもの求めているものは社会的な才能ではない。

「社会」が求めるものと「子ども」が求めるものは違う

ヒマワリは、とても頑固者として有名でした。雨も、月も星も太陽もみんなヒマワリの花が大好きでした。みんなはどうしても、あの健康的なヒマワリとお話がしたいと思っていました。

雨は、ほとんどの花から愛されていました。とくに、乾燥すると花は「雨」を求めています。今度も雨は、堂々と大粒の雨のお土産を地上にもってきました。ところが、ヒマワリから、けんもほろろの扱いを受けてしまいました。

ラクダや人間に愛されている月も星も、ヒマワリからはまったく振り向いてもらえませんでした。

次は太陽です。太陽は雨と同じように、みんなから大事にされてきました。でも、雨がヒマワリから歓迎されなかったことを考えると、ヒマワリが自分のほうに向いてくれるかどうか心配でした。

ところが太陽が来ると、ほかの花よりもヒマワリは、堂々と太陽に向かって微笑《ほほえ》んでくれました。太陽が東から西に動くと、ヒマワリも同じように顔を向けてくれます。

太陽は、「どうして、私には微笑んでくれるのですか。そんなに私は立派なのですか」と、

すると、ヒマワリに聞きました。ヒマワリは「あなたは私が一番欲しているものをもっていたからです」と、応えました。

これが子育ての成功例や失敗例の本質であろう。

自分は雨の時に危ない。皆から望まれていると、ヒマワリからも望まれていると錯覚する。

自分が社会的に望ましい存在であることと、子どもにとって望ましい存在であることとが違う。そのことを私たちは、なかなか理解できない。

社会が求めるものと、子どもが求めるものとは違う。ビジネスマンが社長に求めることと、子どもが親に求めることとは違う。

望ましい母親は、理想の母親ではない

ある著作（注16）に「こまごまと子どもの面倒をみる若い母親」について書かれている箇所がある。

近所の評判も立派な奥さんということであり、彼女自身、自分も愛情深い母親だと思っている。

真冬のある日、夫と妻と小さな息子と親子三人づれで、親戚の家を訪ねた帰り、乗った電車が途中の駅で止まったまま発車しない。「ドアはあいたままで、きびしく冷えた風が高架のホームからすいた車内へさえぎるものなしに吹きこんでくる（注17）」。

ゴーッという響きと共に、「ドアとホームのすき間から白煙が噴きあげた。煙はあいたドアから渦をまいて吹きこみ、たちまち車内にたちこめた。声にならない叫び声をあげて、とたんに彼女はとびあがり、となりのドアからとっさにホームへ逃れ出た。外へ出て我にかえってみると、すいた車内では夫が子どもを脇にかかえて身構えている。

この一瞬の出来事で、彼女は実は愛情深い母親ではないのではないかと感じる。「自分の愛情のうすさを思い知らされたこの若い母は、事件以後なおのこと気をつかって細心に子どもの面倒をみるようになった。」（注18）

子どもも母親もこうなったら忘れられないだろう。そしてこの後、母親は「お母さん、こんなにあなたに尽くしているのよ」と子どもに見せなければならない。もちろん子どもはそのウソが分かっている。そうなれば、子どもは尽くされることがわずらわしい。

こうなったら、子どもも母親も辛い。この親子はずーっと心理的にこの事件に縛られる。こうなったら、いつになってもこの親子は幸せになれない。この事件をこの「愛情深い」母親が忘れていないことが恐ろしい。

そしてこの立派な母親は、子どもを「良い子」に育てるだろう。そしてこの「良い子」は、どのようなかたちであるかは分からないが、間違いなく挫折するだろう。

これは、母親が一生懸命育てながら、子どもが最終的に大きな問題を起こす典型的な例であろう。母親は「ここまでしたのに」と悲鳴をあげる。

実は母親は逃げてもいい。母親も神様ではないから逃げてもいい。問題はその後のフォローである。

「ごめんねー、逃げて」と子どもに言えれば、すべては解決する。その後事態は好転する。ところが心に葛藤のある母親は、決まり悪くて「ごめんねー、逃げて」と子どもに言えない。

しかし実は、この言葉で子どもは安心する。そしてこれが、母親が自分を受け入れるということなのである。

子どもは、その後は「誰かさん、逃げちゃったもんねー」と母親をからかう。子どもは「冷たいねー」と母親を責める。母親は母親で、「あなたがぼやぼやしているからよ」と子どもに対抗できる。

母親は、自分でさえ認めていない自分の本当の姿を、子どもに見られたと思うから無意識のうちに繕《つくろ》った。

自分でさえ認めていない自分の心を、子どもに見すかされたと思うから子どもが怖くなる。そこが問題なのである。

理想の人間などいないのだから、母親は理想の母親でなくてもよい。大切なのはそのことを認めることである。そうすれば子どもは自然な成長ができる。

望ましい母親というと、弱点のない神様みたいな母親を考えるが、それは間違いである。

先に例にあげたようなことはいくらでもある。戦争中、空襲に遭った時に、子どもを置いて、自分だけ防空壕《ぼうくうごう》に入った母親がいる。

あるいは子どもに「階段危ないわよ」と言いながら、子どものスリッパが引っかかったら子どもの手を離して、子どもが転んだ。

母親も人間なのである。その人間が、どう子育てをするかということである。

食事と会話の密接関係

食事時の会話に愛情は表れる

親に愛情がなければ、子どもは感情を抑えて「良い子」を演じなければならない。愛情とは、たとえば食事の時、会話しながら表現されるものである。そうしたいろいろな行動の中で表現されるものである。高級レストランに行って、食事をすることが愛情ではない。

おいしい料理をつくって、「おいしいね」「もう少し食べてみる?」「これをつけてみたら?」という会話をしながら一緒に食べて、食事が終わって、「おいしかった?」と聞いてあげるのが、親の愛情なのである。つまり、子どもとの関わり方の中に愛情が表れる。

子育てに大切なことは、食べながら心がふれあっていることである。

もちろん、ふれあいは「おいしいね」という会話だけではない。時には次のようになる。

「がたがた言ったら食べたくないよ」とか「これおいしくないよ」とか「けっこうこれおいしいよ」という会話になる。しかしこれは、子どもが自分の気持ちをストレートに言っている時に出る言葉だからふれあっていることになる。これがコミュニケーションである。

こうして食べ物を介して、自分の意思を伝える訓練もできる。

あるお菓子は、皮が固くなっている。冷蔵庫に入れておくよりも、今食べたほうがいいと母親が言う。こうした会話で、子どもはお菓子の味が分かってくる。

五感が発達することが、子どもの心の成長の基礎である。

母親は、子どもに熱いスープを出す時に、「熱いからフーフーして食べてごらん」と言う。そこで子どもは、母親は自分のことを知っていてくれる、自分のことを考えていてくれると思う。味だけを見て「ハイ」と渡すのでは、子どもは面白くない。

しかし、今の時代の子どもで考えてみる。子どもがテレビゲームをしているところに、母親が黙って食事を置いていく。これを食事というかという問題である。

これでは赤ん坊がロボットに育てられて、周りに人形がいるようなものである。ロボットには、自分一人の体験しかない。話しながら、心がふれあいながら、一緒に食事をするという体験がない。

イヌの好きな人は、イヌにご飯をあげる時にも、イヌに声をかけていく。そういう意味では、ゲーム少年の食事は、イヌよりもひどい食事である。

好きな仲間とコーヒーを一緒に飲んでおいしかった。好きな仲間と一緒に旅行してうれしかった。好きなママが運動会で喜んでくれた。そのようなふれあいの体験の積み重ねが自我の成長になる。ロボットには、自分だけの平坦な体験しかない。

「ゆうげ」の心のふれあいが子どもを心理的に成長させる

夕食のことを「ゆうげ」ということがある。この「ゆうげ」の一時《ひととき》が、今の日本には失われつつある。そして「ゆうげ」の一時こそ、家族が心をふれあう時である。何気ない話題、これといった決まった話題があるわけではないが、何となく今日一日あったことなどを話し合っている。

今日くやしかったことなどを話しているのだが、別に解決すべき課題があるわけではない。ただ、とめどなくどうでもいい話題を話し合っている。ただ単に、自分の言いたいことを言っている。子どもは今日あったことを話している。親はそれを聞くのが楽しい。だから、親子がふれあっている時には、食事時間は長いのである。

実はこの「ゆうげ」の一時に象徴される心のふれあいが、子どもたちの明日へのエネルギーとなる。

「ゆうげ」に象徴される家庭の親子関係が、いかに重要であるかについて、さらに考えてみたい。

別の箇所であげた社会学のギルマルチン教授は、同性愛者を除いて恥ずかしがり屋の男性三百人と、十九歳から二十四歳までの自信のある男性二百人にインタビューをした。

恥ずかしがり屋の男性三百人の内訳は、百人が結婚していない三十五歳から五十歳までの男性、二百人が結婚していない十九歳から二十四歳までの男性である。

彼はその調査をもとに本を書いている。[注19] ニューヨークとロサンゼルスを中心に、七つの大学でインタビューした。インタビューは一人三時間のつもりが、多くは四時間になったという。

恥ずかしがり屋の男性か自信のある男性かの判断のカギは、社会的退行[注20]である。女の子を誘えるか誘えないか、あるいは積極的に社会に参加していくか、社会からひきこもっているかである。

恥ずかしがり屋の男性と自信のある男性は、同じ社会的バックグラウンドからとっている。また恥ずかしがり屋の男性のパーセントは、本の中では若い男性と年をとった男性と別々に二種類書かれている。はじめの数字が十代で、次の数字が三十五歳から五十歳までの非婚者である。

質問の中に両親が「子どもの言うことに関心がない」かどうかの質問がある。答えの数字は刺激的数字である。自信のある男性の親は、「子どもの言うことに関心がない」は〇％である。つまり、自信のある大学生は、誰でも皆小さいころ自分の両親は「自分の言うことに関心がある」と感じていたということである。〇％という数字が驚きである。

恥ずかしがり屋の男性では四五％と五二％の親が、子どものもの言うことに関心がない。子どものの言うことに関心がなければ、夕食の時間が長くなることはない。

またこの本の中で「夕食のテーブルでの会話への参加」を聞いている。恥ずかしがり屋の大学生に比べて自信のある大学生は、「夕食のテーブルでの会話への参加」度が高い。

自信のある大学生は、八〇％が会話へ参加している。恥ずかしがり屋の男性については、三六％と二三％である。

この「ゆうげ」があればこそ、子どもたちは、心理的に大人へと成長していかれる。このなにげない話をしながらの心のふれあいが、子どもの自己確立へとつながっていくのであろう。

また夕食に限らないが、「よく母親と会話を楽しんだか」という質問にも、恥ずかしがり屋の大学生と自信のある大学生との差は出る。これを否定した恥ずかしがり屋の男性は、四六％と五八％であるのに対し、自信のある大学生で、これを否定した大学生はわずかに五％である。父親については、何と〇％である。つまり自信のある大学生は、小さいころすべて「父親との会話をよく楽しんでいる」。

自信のある大学生は、小さいころ、誰もが父親との会話をよく楽しんでいる。おそらく父親のほうが、子どもと話すのが楽しいのである。父親が子どもの話を聞くのが楽しい。恥ずかしがり屋の男性については、二二%と三〇%である。つまり、恥ずかしがり屋の男性では、七割以上が父親との会話を楽しんでいない。

「両親はあなたを信用し、情緒的にサポートしたか」に対して、「大いにした」という答えは、恥ずかしがり屋の男性は三二%と二三%である。恥ずかしがり屋ではない自信のある大学生では、六七%である。「ほとんどしていない」は、恥ずかしがり屋の男性は四八%と五八%である。自信のある大学生は一三%である。つまり、自信のある大学生の場合には、八割以上が両親の情緒的サポートが大いにあった。

「両親が話しやすい」については、恥ずかしがり屋の男性は一七%と一〇%。自信のある男性は五二%である。悩みを誰と話し、どう解決していくかを考える時、両親が話しやすいということは重要なことである。そして何よりも、子どもが「話しやすい」と感じている時には、「親子の役割逆転」は起きていないと考えてよいだろう。

逆に「話しにくい」については、恥ずかしがり屋の男性は五七%と六六%である。自信のある男性の親は一九%。自信のある男性は八割以上が、両親は話しやすいと感じている。

話しやすい親、話しにくい親

この調査を見ると、子どもから見て話しやすい親になるということが、いかに大切かということが分かる。子どもがいじめで苦しんでいる時に、「何で言ってくれないのだ」という言い方がされる時がある。それは話せる雰囲気ではなかったということである。大切なことは、話しやすい雰囲気をつくることである。

話しにくい親が何度も、「何で言ってくれないのだ」と子どもを責める。こういう親をもった子どもは二重、三重に苦しめられる。

学校から帰ってきた子どもに、「今日、学校で何があったの？」と聞かなくても、子どもの好きなおやつでも出して側で仕事をしていれば、子どもは自然と話をする。子どもの話を聞くということは、子どもが話しやすい雰囲気をつくるということである。

それは一言で言って、「家庭が子どもに安らぎを与える場所になる」ことである。そう考えると、子どもが本心を言った時には、親は腹が立っても許してあげることである。本心で言うことが真実なのだから。

ある子は兄弟ゲンカを禁止されて、誰ともケンカをしないでいるうちに、誰とも心が通じ合わなくなってしまった。

「良い子」の特徴の一つは、他人とコミュニケーションができなくなっているということである。「良い子」は本心を言わなくなってから久しい。だからどうしても「良い子」は人とのつながりが薄い。そこで問題を起こす。

雰囲気の大切さは、会話ばかりではない。遊ぶ時も同じである。「良い子」の中に自然な子を回復させるためには、子どもを遊ばせることである。しかし「勉強しなさい」と言って、子どもが勉強するわけではないように、「遊びなさい」と言って、子どもが遊ぶ気になるわけではない。

大切なのは楽しく遊べる雰囲気をつくってあげることである。

子「遊んでくるよー」

親「行ってらっしゃーい。気をつけてね」

子「うーん」

親「五時には帰ってくるのよ」

子「分かったー」

そして、子どもが遊びから帰ってきた。

親「よかったねー、元気で帰ってきて。さー、手が汚れているから手を洗ってきて」

ところが子どもが遊びから帰ってきた時に、母親の反応はこのようなものばかりではない。

「まーっ、汚い足をして。絨毯《じゅうたん》が汚れちゃうんだから」

このような反応をしていては、親は子どもが遊びやすい雰囲気をつくっているとはいえない。

そしてこの二人の母親には、さらに重要な違いがある。それは子どもに対する関心である。はじめの母親は子どもに関心があるが、後者の母親は子どもに関心がない。

家を綺麗にしておくことに関心がある。

食べ物の好き嫌いは「囚われ」が原因

母親たちにとって大きな問題は、子どもの食べ物の好き嫌いである。子どもの好き嫌いに悩まされている母親は多い。そこで、どうしたら好き嫌いをなくせるかを考えてみたい。

どんなに体にいいものであっても、子どもが食べなければ意味がない。好き嫌いの激しい子どもに、「これは栄養がある」とか「これは体にいい」とか言っても、なかなか食べない。子どもに好き嫌いがあっては、体にいいものも意味がない。

子どもがいったん「これは嫌い」と思ったら、それを直すことは難しい。嫌いなものをおいしいと思うことは難しい。

いったんできた考え方、感じ方はなかなか変わらない。ハーヴァード大学の心理学のランガー教授は、このようによく考えないで、最初の体験に固執する心の傾向を「囚われ」(注21)と呼んでいる。

子どもも大人も、この囚われに陥る。「これはまずい」と思うと、なかなかその囚われから抜けられない。

食べ物の「好き」「嫌い」も、実は「囚われ」であることもある。

子どもは、母親が嫌いと言うと、嫌いになる傾向がある。だから母親は、子どもの前では言葉に注意しなければならない。

ランガー教授と私との共著の本(注22)の中から少し引用させてもらう。

「ラベルはある先入観を抱かせる、という意味で、ある花を『バラ』ではなく『スカンクウィード（悪臭のある植物）』と呼んだら、人はどちらかといえばマイナスの特徴を探したり、トゲに注目する結果になるかもしれない。そしてバレンタインデーの贈り物にはあまりふさわしくない、と結論されるだろう。

五年ほど前、著者の一人がヨーロッパに行った時、珍しいが一般的な出来事に出くわした。ほとんどの人にはそうたびたびはないという意味で珍しく、たくさんの人がいつかは経験するという意味で一般的な出来事である。旅先ではふだんの自分より冒険的な気分になることがしばしばある。初対面の相手や、はじめて手を出す行動や食べ物についていつもより大胆になるのだ。これは食べ物にまつわる話である。

ローマの小さなレストランでのこと。パスタを二日続けてたらふく食べた後、私は自分の腹とも相談して、ここらで変化が必要だと結論した。すばらしい逸品とはいえないまでも、条件に合う料理がメニューにあった。それはミックスト・グリルというやつで、ステーキ、レバー、鶏肉、子牛、それに膵臓を網焼きにした料理である。量はたっぷりあるだろうから最後の膵臓はさりげなく残せるだろうと私は考えていた。料理が運ばれると、どれが膵臓かを連れの一人が教えてくれた。つまらないこだわりなのかもしれない、と私はそこで思った。『食べたことがないのだもの、もしかして気に入るかもしれないぞ』と。ほかの肉はどれも好きなのに、膵臓を食べると思うだけで胸を悪くするれっきとした理由はなさそうだった。それで私は無理に食べることにした。

すきっ腹に冒険を強《し》いるのはやめて、ほかの肉をはじめに食べた。みんなけっこうおいしかった。そしていよいよその時がやってきた。最初の一口が一番辛かった。私の決意を罰するかのように、肉はのどにへばりついた。しかしここで負けてなるものか。私はもう一口食べた。ちっとも慣れはしないのだが、戦いはじきに終わると思うと慰めになった。『息をとめて最後のを飲みこめば、勝利は私のものだ』と。膵臓は私の胃の中にどっかりと居座っていたものの、ささやかな勝利を私は誇らしく思った。

膵臓に別の名前がついていたら、たぶんおいしく食べられただろう、というのがこの話のポイントなのかと訊《き》かれると思う。そうなのだが、事実まさにその通りだったのである。やったねと自分を祝福していた私に、さっきはいたずらで言ったのよ、と連れの友人が言った。吐き気をこらえながら食べていたのが、実はふだん大好物のチキンで、これもレバーだと思ってぱくぱくと食べてしまったのが膵臓だったのである。」

その子に合わせた食べさせ方

これは少し極端な例かもしれないが、これくらい好きか嫌いかは囚われによるものだということは、嫌いなものも方法によっては好きになることもできるかもしれない。

牛乳が嫌いな子どもがいる。母親の中には、少しずつポタージュの中に牛乳を入れ、そして増やしていく母親もいる。体力とかスポーツばかりではなく、何でも「少しずつ」することで能力は増大する。

また愛情のない親は、牛乳が体にいいというデータに基づいて、無理やり飲まそうとする。そして、体にいいことをしているのだから、自分は愛情があると思っていたりする。「この子」には、どう好きにさせていったらいいのかという段階を踏まない。

ニンジンを嫌いな子どもに、分からないように細かく切って、少しずつ食べさせていく母親もいる。子どもは気がついてみたら、「こんなに食べた」ということになる。

こうして子どもの体力に合わせて、健康をつくっていく母親もいる。愛情をもって、子どもを観察している母親である。

栄養のあるものを子どもの前にバーンと出して、「何で食べないのよ」と怒る母親もいる。状況を考えないで、「栄養のあるものはいいもの」と信じている母親は、まさに柔軟性欠如なのである。これは愛情をもって子どもを観察している母親と違い、子どもを知らない母親である。何事も相手を知らないと、意味のあることはできない。

子どもを自分の延長と見なす親は、自分が好きな料理を子どもに「おいしいから食べなさい」と押しつける。子どもが「好きでない」と言えば、「そんなはずはない」などと言う。子どもは、自分とは別の味覚をもった人間であることが認識できない。

ところで逆に、子どもにある食べ物をやめさせたいと思うこともあるだろう。子どもが好きな食べ物が、必ずしも健康にいいわけではない。逆に、健康に悪いものを子どもは好むことが多い。

子どもばかりではない。恋人にお酒の飲みすぎをやめさせたいと思っている人もいるかもしれない。あるいは、コレステロール値の高いものを食べるのをやめさせたいと思っている人もいるかもしれない。そこでもう一度、前掲書から引用する。

「ステュは、フィル自身の健康のためにある食べ物をやめさせたいと思っている。機会をとらえて彼はその点を伝えようとする。

『なあフィル、フルーツ・クランチはもうやめたほうがいいよ。そいつに入ってるXPQには発ガン性があるんだってさ』

『よせよステュ、連中は毎日何かしら危険だって言ってる。あれはみんな政治がらみのでたらめさ』」

明らかにフィルは納得していない。そんなメッセージに、フィルがどう反応しそうかをステュがせめて前もって考えていたら、たぶんもっと説得力があったはずだ。これは想像するほど難しくない。ステュは、前にも同じような忠告に、フィルがどんな言葉を返したかを耳にしている。人の反応はそうそう変わらないから、こんどフィルがどう反応するかは十分予想できる。そこで、ありうるフィルの反応を頭に置いたうえで、フィルの反論をあらかじめ押さえこめるように、言葉を組み立てることができたはずなのだ。こんなふうに——。

「フィル、連中は毎日のようにぼくらの好物をこれも危ない、あれも危ないと言ってるのは知ってるさ。だけど今度のは政治がらみのでたらめじゃないよ。XPQは……」

「人を見て法を説《と》け」という格言がある。人を説得できる人は、相手がどんな人間であるかを理解している。そして、その人に合わせて話をする。「あの人にそんなことを言っても無駄だ」というようなことをよく知っている。そこまで人を見抜いているということである。

また人を説得できる人は、「今あの人の関心は、ここにはない、あそこにある」というように、その人の心理状態にまで理解が及んでいる。説得できる人は相手の性格から、相手の心理状態まで見抜いている。相手を説得できない人は、自分の心の葛藤にばかり気がいってしまっている。

「お母さんがこんなにあなたのことを考えているのに」とか、「お母さんがこんなに苦労しているのに」とか言う母親は、自分のことばかりに気を奪われていて、肝心の子どものことを理解していないし、理解しようとする姿勢そのものがない。

第5章

今日から伸びる「心の種」をまこう

子どもの気持ちをくみ取る

子どもが〝何〟を言ったかではなく、〝なぜ〟言ったか

ある子どもが、学校から帰ってきて「いじめられちゃった」と言った。母親は驚いて学校に飛んでいった。教育委員会に調査を依頼した。しかし、いじめの事実はなかった。

この母親は、子どもがなぜ「いじめられちゃった」と言ったのかという動機を考えていない。子どもは、この時には「いじめられたけど、ボクは負けなかった、強いだろう」ということを自慢したかったのである。

子どもがなぜそう言ったかの動機を考え、それが分かれば、母親は「そう、ボク強

いんだ」と言えばいい。母親がそう言ってくれれば、子どもは満足して、心理的にも成長できたのである。

この母親は教育熱心であるにもかかわらず、この子は大学生になる時にはノイローゼになっていた。

子どもが何を食べても、何を飲んでも、満足しないと嘆いている母親がいる。

子どもが「お母さん、お金がないからアイスクリームでなく、かき氷にしてあげる」と言った。

そこで母親は、子どもにかき氷を買ってあげた。でも子どもは、うれしそうにはしなかった。

次の機会に母親は、子どもにアイスクリームを買ってあげた。でも子どもはうれしそうにしなかった。

この母親は、なぜ子どもが「かき氷にしてあげる」と言ったかという動機を考えていない。子どもの気持ちをくみ取る母親は、「ありがとうね、そこまで考えてくれるのね」と言う。

すると子どもは、うれしそうにかき氷を食べる。子どもは母親に恩を着せたかった。かき氷も食べたかった。うれしそうに食べる子どもは、好きなものを食べて母親に恩を着せられた。そこで子どもは満足し成長する。

動機をくみ取ってあげないと、アイスクリームを買ってあげても、かき氷を買ってあげても、子どもはうれしそうな顔をしない。子どもの動機に合わせてこちらが対応すれば、子どもは満足し成長する。

ある時、幼稚園の一室で子どもが、「空から砂糖が降ってきた」と言った。それを聞いて「わあ、バケツもって屋上に行かなくちゃー」と叫んで、バケツを持って屋上に行った幼稚園の先生がいた。それを聞いて母親のほうは、子どもを「ウソつき」と言った。

この二人の違いはどこから出てくるのだろうか。まず、母親は子どもに関心がない。先生は子どもに関心がある。母親は「この子」に興味がないから、子どもが自分に語りかけてくれたことに喜びがない。それに子どもがふれあいたがっていることが分からない。

この子どもは、話の内容はどうでもよいのである。そこにいる人と気持ちをふれあわせたかった。先生は、なぜ子どもはそんなことを言ったかという動機を重視した。

子どもは「ふれあいたい」という気持ちから、砂糖が空から降ってきたと口から出まかせに言ったのである。そのふれあいたいという気持ちをくんでくれた先生と、言ったことの内容を問題にした母親との違いなのである。もちろんこの子は、この先生が好きで自分の母親が嫌いである。

〝行動〟ではなく〝動機〟を見る

子どもが種を蒔《ま》いて芽が出た。種をびっしりと蒔いたものだから、芽も出すぎた。そこである人が間引きをした。芽を持っていってしまったことは正しい。

しかし、子どもは「くやしい」と騒いだ。子どもは努力したことを軽く受け取られた。それがくやしいのである。そうしたことが繰り返され、積み重なると、子どもは「キレる」。

アメなら「あげろ」と言われればあげられる。おもちゃなら「あげろ」と言われればあげられる。そうしたことは、「こうしろ」と言われたようにできる。教えられたことをできる。

しかし、自分が努力したことを「こうすべき」という立場から簡単に「こうしろ」と言われると、そうはできない。子どもが「キレる」のは、一生懸命したことを認めてくれない時である。

叱られてキレる時も同じことである。こんなに一生懸命しているのに、叱られる筋合いはないと思うからである。人が辛いのは、自分の気持ちを理解されない時である。これは大人も子どもも変わりない。

子どもが、今日宿題をすると母親と約束した。しかし、実際にはしなかった。そこで母親は子どもを叱る。「約束を破った」と叱る。子どもは震える声で、「やろうとしたけどできなかった」と言いわけをする。そこでその言いわけを聞いて、母親はもう一度子どもを叱る。

しかしそのようなことを続けても、子どもは意欲的にはなっていかない。子どもは宿題をしなかったが、やろうとはしたのだろう。やる意志はあった。しかし実際の行動には至らなかった。

そこで「やろうとはしたのよね」と、いったん子どもの心をくみ取れば、子どもの気持ちは安定する。そして、次には実際にすることになるだろう。それを「やろうとした気持ち」を無視して子どもを叱るから、子どもはいよいよやる気を失う。中には、「お前はどうしてそんなにダメなんだ」というような言い方をして、子どもを責める親もいる。

子どもがなぜ約束を破ったかという動機である。母親への反抗とか、学校の先生が嫌いとかいう動機で、意図的に約束を破ったわけではない。

体罰の善し悪しも同じである。子どもを愛する動機からの体罰と、憎しみからの体罰では、子どもへの影響はまったく違う。

子どもを愛する気持ちからのしつけをしたら、子どもは納得する。たとえば、マナーを厳しくしつけられたけれども、楽しい食事だったなどという場合である。しかし、父親が偉大さを示すために厳しくマナーをしつけたら、子どもは恨む。

最近、我慢できない子が多くなったという。そして、しつけをしっかりしろと言う。

しかし、我慢で大切なのは、目的に向かっての我慢である。

何かをねだる子どもは、そのものが欲しいからねだる時と、不満があるからねだる時がある。後者は、そのものが欲しいというよりも、親の関心が欲しいのである。親の関心が欲しくて何かをねだっている時には、我慢させるのではなく、親が反省する時である。

したがって、ただ鍛えるのではなく、子どもが、必要とする親の積極的な関心を与えた上で、子どもを鍛えるという考え方に立たなければならない。何事も前提条件を忘れないことである。

こんな親の反応を見て意欲はわく

子どもの気持ちをくみ取るということは、子どものすることに反応してあげることでもある。

「いない、いない、バー」と言って赤ん坊が笑わなかったら、言ったほうは恥ずかしくなる。われわれ大人は、もう一度しようとしない。これと同じことである。

親は肩をもんでもらって、黙っているのと、「あー、気持ちいい」と言う親とでは、子どもがまた肩を叩いてあげようと思うのはどちらであろうか。「あー、気持ちいい」で、子どもはまた親の肩をもんでやろうと思う。無反応は、意欲を失わせる。

子どもの動機を考えない母親は、激励の時期も間違える。

子どもが集中してやっている時には、激励をする必要がない。お節介な母親は、子どもが集中している時に、激励してうるさがられる。相手を見ていない。

集中している時にはほっておく。あくびを始めたらお茶をいれてあげて、「がんばっているわねー」と言えばいい。その激励のタイミングを間違える。激励は勉強が終わった後。やっている最中はいけない。

人は同じように煙草を吸っていても、動機が違う。高校生の煙草は大人への反発から。大人の煙草はストレスから。キャリアウーマンの煙草は「仕事ができるふりをしたい」から。ホームレスの煙草は「やすらぎ」が欲しいから。

だから、それをやめさせるには、その動機に応じて対策をとらなければ無理であろう。

アメリカの『たいへん効果的な人々の習慣』という本に、著者の次のような体験が紹介されていた。ある時に日曜の午前中に地下鉄に乗っていた。それまで乗客は、それぞれ静かに座っていた。そこにある親子が乗ってきた。子どもは騒ぎ回っている。皆はいらだつ。著者もいらだち、ついに、もう少し子どもを静かにさせるようにその父親に言う。

するとその父親が謝りながら、今病院で母親が死に、子どもは母親の死をどう考えていいか分からないところだという。それを聞いて著者は、その子どもの騒ぎにいらだたなくなった。

この騒ぎ回っている子どもを父親が厳しく叱ったら、この子どもはどうなるか。

動機を正しく理解することは、他人を正しく理解することであり、コミュニケーションの第一歩である。人は神経症者になればなるほど、人の行動や口先を見て、動機を見ない。逆に言えば、その人が心理的に健康な人かどうかの一つのメルクマール（目印）は、その人が相手に接する時に動機を見ているかどうかである。

あせらない

無理ながんばりは才能を枯れさせる

子育てでも仕事でも、大切なのはあせらないということである。何事も「急がば回れ」ということわざ通りである。「急がば回れ」とは、無理をするなということである。無理をすると、その時はいいが、いずれ先で問題を起こす。恋愛も子育ても同じである。

利己主義が自然な子どもの時に、「良い子」のように立派な人になることを子どもに望めば、その時に立派な人間になっても後で問題を起こす。遠回りできるのは親に余裕があるからである。余裕のある子育ては先で問題を起こさない。

子どもがいい才能をたくさんもっているのに、親が殺してしまう時がある。早くこの子の才能が開花するのを見たいと思う。そう思って強引に教えこんだり、言うことを開かなければ罰を与えたりして、子どもの才能をだんだんだんだんなくしていく。

昔、「情緒的に未成熟な親は子どもの自然な成長を待てない」という言葉を『疑わしき母性愛』（ヴァン・デン・ベルク著）という訳本で読んだことがある。自然な成長を待てない時には、母親は子どもを好きではない。子どもは不相応に背伸びをする。そして自分を見失う。子どもも母親を好きではなくなる。

そして子どもは、「黙っていれば自分はがんばっていたのに、どうして親はこの私を信じてくれないんだろうか」と思う。

自分の欲求と相手の欲求を同時に考えられないために、母親は自分の欲求を叶えられない。自分の願いを実現しようとあせって、無理に子どもにがんばらせる。その結果、子どもがせっかく才能をもっているのに、枯れさせてしまう。

「この子は本当に伸びているな、ほかの子とまったく違うな」、そう感じる親がいる。そこで「もっともっと伸ばしていい学校に入れよう」という欲が出る。そこで子どもの才能を潰《つぶ》す。

この子は、こんなに優れているんだから「もっと成績を伸ばそう」と欲を出してしまうと、その才能はいつか潰れてしまう。そして成績のよい子ではなくなる。

あせった子育てをすれば、才能のある子どもも最後は燃え尽きて、本当のもぬけの殻《から》になってしまう。多くの無気力な大学生は、母親の期待に応えられなくなって、もぬけの殻になった姿である。つまり、実のならないクルミの木になってしまった。自然な成長を待てば、実がなったのに。

子育てでは、日常生活においても同じことである。子どもを寝かせようとして、早く揺すれば寝るというものではない。心の呼吸に合わせて、ゆっくりと揺すってあげるといつしか寝る。自分が寝る時も同じ。早く寝ようとして寝られるものではない。

子どもを勉強する気持ちにさせるのも同じである。親があせっていても、子どもは勉強する気にならない。

子どもは家がつまらない。兄弟にも関心がない、自分のことしか関心がない。テレビを見てゲームをしている。

そういう子どもを見れば、親なら誰でも「もうテレビを見ないで勉強しなさい」

「もうゲームをやめなさい」と言いたくなる。それは分かる。

しかし、勉強をせかすのではなく、一週間はそれをやらせてみる。案外飽きる時もある。

信頼関係がなければ、やる気にはならない

子どもを偉くさせようとあせる母親は多い。次の文章は、アメリカの大昔の作家マーデンという人が書いたものである。

「『ロンドン芸術協会の賞を狙いなさい』。ロス夫人は、当時十二歳にもなっていなかった息子のウィリアムに言った。『やってみるよ』ウィリアムは答えた。そして『ワット・タイラーの死』と題した彼の絵が一等に輝いた。後にウィリアムはヴィクトリア女王の細密画家となり、ナイト爵を叙せられた。」

こういう話を聞くとすぐに「オリンピックを狙いなさい」と言う母親がいる。しかしロス夫人は、「ロンドン芸術協会の賞を狙いなさい」と、いきなり言ったのではないだろうと私は思う。

子どもが四〇度の熱を出して倒れた時、「よくがんばったねー」と母親はほめた。それまでのこうしたさまざまな親子のやりとりがあって、これを言ったに違いないのである。

小さなことをした時に、母親が「すごい！」と言った。その積み重ねで信頼関係ができていて、そのうえで「ロンドン芸術協会の賞を狙いなさい」と言ったのである。そうに違いない。

お互いの関係を無視して、「これをしなさい」「あれをしなさい」と言っても、一般的には相手は言うことを聞かない。それを無理して親の言う通りにするのが「良い子」なのである。

ハーバート・フロイデンバーガーの『燃えつき症候群』という著作に、ポールという燃え尽きた専務の例が出てくる。彼の父親は、いきなりポールに「偉くなれ」と言っている。そして父親から言われたことをポールは聞き入れた。しかしポールのようにたとえその場で言うことを聞いても、最後は燃え尽きる。

信頼関係の積み重ねがなくて、いきなり「偉くなりなさい」と言っても、自然な子どもはやる気にならない。

子どもを励ますための条件

また信頼関係がなければ、子どもが落ち込んでいる時に、子どもを励ますことはできない。

ある母親と子どもの例を考えてみよう。子どもがお腹が痛い時に、母親が子どもの手をさすりながら「大丈夫?」と言ったら、子どもは何と言うか。「そこじゃないよ」と言うのではないか。

そこで母親が子どもの背中をさすりながら「大丈夫?」と言ったら、どうなるか。「ほっといてくれ」と言うだろう。そんなやりとりがあって、「お腹が痛いの?」となる。このプロセスなしに、相手の痛みについて適切な判断はできない。

しかし子どもと母親の間に、このように何でも言える信頼関係がなくて、子どもは常に「良い子」を演じていなければならないとするとどうなるか。子どもはお腹が痛い時に、母親が子どもの手をさすりながら「大丈夫?」と言っても何とも言えない。

子どものお腹が痛いのが治らないばかりではなく、子どもの心が癒されない。癒されないどころかさらに傷つく。

さまざまな子育ての本がある。そこに書いてあることは、おおかた正しいのだろう。しかし実行してみても、うまくいかないことが多い。それはそれらを実行する前提になっている信頼関係がないからである。この子どもの例で言えば、子どもが母親に本音を言える関係だからこの子どもは癒される。


子どもが病気になる。母親は二十四時間看病する。そこで、治ってから子どもが「ありがとう」と言う。その子どもの「ありがとう」が、母親はうれしい。そして、その子が試験の時においしいお夜食を作る。こうして母親と子どもとの関係は深くなり、母親の母なるものは大きくなる。

親がいきなり「偉くなりなさい」というようなことを言っても、子どもは応えない。そして、いきなりものすごいことを要求してくるから、子どもでなくても人は去っていく。相手も人間だから逃げていく。

親子関係ばかりでなく、一般に人間関係も花が咲くのと同じなのである。水をやり、虫を捕り、陽に当てるようなことを繰り返しすることで花は咲いてくる。人と人との関係も、繰り返し「いたわり合う」ことで深くなる。いきなり花が咲かないように、人間関係もいきなり深くはならない。

私は学生時代にワンダーフォーゲル部という部に入っていた。そこでよく山に行った。そして「雨の中で火を燃やせたら一人前だ」と言われたことがある。雨の中で木が濡れている。どうして燃やすのかということである。

いきなり大きな濡れた木を拾ってきて、マッチをすっても火はつかない。木の周りをナイフで削って細かい鞘《さや》をつくり、燃えやすくする。マッチから新聞へ、新聞から削った細かい木へ、細かい木から小枝へ、そして小枝から周りが削られた木へと、徐々に徐々に火をつけていく。

人間関係も同じなのである。マッチがあって、新聞があって、小枝があって、普通の木があって、燃えていく。それは炭《すみ》に火をつけるのも同じであろう。炭には、炭のプロセスがある。

いきなり「偉くなりなさい」と言うような母親は、このプロセスを無視する。いきなり子どもの心にやる気の火がつかないと、怠けていると思ってしまう。火はいきなりつかない。いきなりついているように見えても、それは事前にいきなりつくように準備されている。

私はアメリカのマックギニスという精神科医の著作（注23）を訳した。その中に次の話があった。

偉大な声楽家のマリアン・アンダーソンがニューヨークで早すぎるデビューをした。そこで人間的成熟の点で問題があった。批評家は酷評した。故郷の人は「マリアン・アンダーソンの未来に捧げる基金」をつくって応援してくれたから、故郷のフィラデルフィアに帰れない。

彼女の母親は「失敗は一時的なことよ。ともかくお前には才能があるのだから」「マリアン、素直な心がなければ偉大になれないわ。失敗をくよくよする代わりにうんとお祈りしなさい」と娘を励ました。そして彼女自身「母親の言葉が私を支えた」と話している。

ではこの話を聞いて、同じ言葉を落胆している子どもに言えば、誰でも落ち込んだ自分の子どもを励ませるか。励ませない。

もし親と子どもとの間に、マリアンと母親との間にあるような信頼関係があれば、子どもは親のところに帰ってくる。その人の言うことを信じる。極端にいえば、言葉は何でもいい。誰が言うかが問題なのである。

人は信じている人の言うことで励まされる。同じ言葉でも、ほかの人が言ったのではダメ。たとえば、マリアンの母親のこの言葉を、もしマリアンが信頼していない人が言ったらどうなるか。「素直な心がなければ偉大になれないわ」という言葉はきつい。

世界最大の小売業者になったウールワース。一年の半分を裸足《はだし》で過ごすほど貧乏で、寒中にもオーバーがない。その物語の最後にカーネギーはこう書いている。

彼がまだ貧乏な青年で、何度も失敗を重ねてまったく自信を失った時、母親がやってきて彼を抱きしめて言った。「絶望してはダメだよ、いつかはお金持ちになれるからね」。ここでカーネギーの本[注24]は終わっている。

しかし大切なのは、ウールワースは母親を信頼していたということである。その点を考えないで、子どもにインスタント食品を食べさせていて、いきなり「絶望してはダメだよ。いつかはお金持ちになれるからね」と言っても効果はない。「バカ言うんじゃないよ」となる。

エンリコ・カルーゾ、世界一の美声と言われていた。魔術のような声は神のたまもの。彼が病気中に全世界のオペラファンは何万回となくお祈りを捧げた。

しかし若いころは、音楽教師から「君は歌えないよ、まるで声が出ないから、まるで風が窓の鎧戸《よろいど》でも吹いているようだ(注25)」と言われていた。

しかし母親は、彼の才能を信じていた。そして彼は母親の写真をいつももっていた。励ます時には、「その人が好き」が条件である。だいたい好きでなければ、繰り返し励ませない。

そして「この子のためにやっている」のではなく、「私がこの子を好きだからこうしている」というような関係の励ましが本当の励ましになる。相手から見返りを求めた励ましは、まず効果がない。「励ませばこういうものが返ってくる」ではダメ。励ませば、子どもの成績がよくなると思って母親が励ましても、成績は上がらない。

そういう見返りを求めた励ましは、最後は逆効果になる。たとえば、励ましたけれども効果がない。そこで励ました親のほうが腹を立てる。腹を立てられた子どもは親を恨む。

まず「できること」からすべて始まる

教育の目的は、自分は何がしたいか分からせること

子どもをどう教育したらいいのか、ということに迷っている親は、今の日本にあまりにも多い。いや大人皆が迷っている。今の日本の母親の中には、子どもの何が大切かが分からなくなっている母親が多い。そこで「この子の幸せは勉強」となってしまう。

今の親は、子どもがかわいいということの意味が分からなくなっている。そして子どもをどう教育していいか分からなくなっている。だから、一生懸命努力するわりには、子育てに失敗する。

大切なことは、親が自分の子どもの教育の目的を、自分の中でハッキリとさせることである。

子育ての目的は、子どもたちに、自分の人生の目的を分からせる、自分の望みをハッキリとさせることである。子どもたちに、自分は何がしたいかを分からせることが教育の目的である。言葉を換えて言えば、子どもたちを、自分の人生を愛することができる人間にすることが教育の目的である。

そのためには、子どもに素直な感情表現を許すことが大切である。そして子どもは、こういうことをしていいんだよというように、子どもの生活の自由な領域を与えることである。

この教育をきちんとすることで、自由の意味のはき違えをなくすことができる。また今の家庭は、女子教育をないがしろにしたことで、女性が出産、育児という大事業に耐えられなくなりだした。やるべきことをしないで口ばかり達者になった。女の子には、女の特質である母なる大地、精神力の強さを教えることを忘れてはならない。

これは育児において、男の役割を否定するものではない。男女同権とは男と女が仲よく暮らすということである。男女同権とは男女が同じことをするというように、はき違えている人が多い。

このような教育の目的は、考えてみれば目新しいことではない。エリクソンが青年期の課題として、「アイデンティティーの確立」を述べていることは有名である。自分を見失うことの心理的病を指摘したのは、ギリシャ時代のヒポクラテスである。

わが子の教育の目的は、「この子の幸せは勉強」ではなく、「この子に自分の人生の目的を分からせる」ことなのである。それができれば、子どもに財産など残す必要はない。

子育てに大切な八つの条件

子育てに大切なことは、今までに書いてきた、あせらない、気持ちをくみ取ることのほかに八つのことがある。合わせて十である。

①「なぜ?」を教える

ただ「こうしろ」ということを教えるのではなく、なぜそうするのかを子どもたちに説明して、納得させることが大切である。

ただ「挨拶をしろ！」ではない。なぜ挨拶をするかを教えることが大切である。人はなぜ挨拶をするか。朝の挨拶は、今日も一日元気でやろうね、元気でよかったね、というお互いの気持ちの交信である。そのことを口に出して言うのではなく、そういう気持ちがあるのが挨拶である。

だから挨拶をすると気持ちがいい。親に挨拶できない人は、先人を敬《うやま》わない。

アメリカ・インディアンのメスクワキ族の子育てで、母親は娘に「ルールを守っていると人生が生きやすくなる」と教える。このような教え方は、なぜルールを守るのかを子どもが理解しやすい。

② 具体的に教える

社会のルールを守るように育てることであるが、具体的に教えなければ子どもは分からない。

相手の気持ちを尊重するという教え方よりも、たとえば、「お互いに、借りたおもちゃを壊さないようにしよう」というような具体的な教え方である。具体的に教える必要がある。

今の時代は、さまざまなルールが、それを守らない相手を責めるためのものになってしまっている。相手を思いやるからルールができるのだが、今は、ともすると相手を責めて、自分を守るためのルールになっている。

③ 身をもって教える

自分がおいしそうに食べないでおいて、子どもに「おいしそうに食べなさい」と言っても無理である。

子どもは親の言うことを聞かないが、親のすることを見ている。教育ママが自分で靴をそろえないで、子どもに「靴をそろえましょうね」と言っても、子どもはしつけられていない。母親が自分ですれば、子どもは靴をそろえる。

自分が乱暴な運転をしていて、子どもに「乱暴な運転をしてはいけません」と言っても効果はない。子どもにこう運転をしてもらいたいという運転を自分がしていれば、注意をしなくても、子どもはそのような運転をする。

ただ、ここで親の言うことを守らない子どものほうが、ノイローゼにはならない。

「良い子」とは、こうして親が実行していないことを知りながら、文句を言わないで、黙って実行する子どもである。

つまり一番いいのは、親を見て、親の言う通りにする子どもである。次に望ましいのは、親の言うことを聞かない子どもである。最後が、大人になって問題を起こす「良い子」である。ノイローゼになる子どもは、親が実行していないことを知りながらも、怖いから親の言う通りにする「良い子」である。

④ 家の行事を大切にする

誕生日ばかりでなく、行事はここまで生きてきたということを確認するためのものである。行事は、自分がいることを確かめることである。

行事は木の年輪である。今まで生きてきたことの証《あかし》である。年末の行事で、人は「今年一年も終わりだなー」と感じる。行事をするのは、エネルギーのいることである。そこで今の人は行事をしないで、ただ楽をしている。その心理的なツケは大きい。

行事をすることが季節の移り変わりと、一年のリズムを回復する。

⑤ 親が料理をつくってあげる

今の若者は、お金さえあれば、コンビニで何でも買える。夜中でも行けるし、そこで若者は安らぐ。コンビニなしでは心が落ち着かないという若者も多い。そうした意味では、今の若者にとってコンビニが母親になっている。

昔はお金で買えない母親の愛があった。自分は「この母親の子だから」という感じ方、考え方があった。今の子どもは、誰がつくったか分からない料理で育っている。

そこで時間があれば、自分が料理をつくってあげることである。

⑥ 過程を大切にする

過程を重視する態度を身につけることである。

子どもを怯《おび》えた人間にする母親や先生を考えてみよう。たとえば、子どもの保健室登校である。授業には怖くて教室には行かれないが、保健室なら行ける。こんな子どもがいる。この時の子どもに対する大人の対応である。学校に来たこと自体を「偉い！」とほめてあげる態度があるかないかということである。

教室に行かなければだめという考え方は、過程を見ていない。「何で教室に行かれないの」と怒る親がいる。保健室に来られたことは、保健室に来られないことよりも進歩である。「保健室まで来た」という過程と、その努力を認めてあげることである。「やった努力を認めてあげる」ことが、子どもの意欲をかきたてるのである。教室に行かなければ、学校に行ったことにならないなどという考え方は、あまりにも柔軟性を欠いている。

やった努力を認めてあげること。結果ではない。「保健室まで来られたね」と言う母親と、それを登校拒否（不登校）が直らないと言う母親がいる。この違いは子どもにとっては大きい。

⑦ 自分を守ることばかり考えない

他人から「お宅のお子さんいい子ね！」と言われたことに対し、親は人から謙虚な人と思われたくて、「大したことないわよ！」と言う。親は謙遜のつもりで言っているが、子どもはすごく傷ついている。親は自分を守っている。こういうことを言う親は、周囲の人が自分をどう見るかを気にして、子どものことを考えていない。

それに対して、「私はこの子がいて、本当に幸せなの」と言う母親もいる。子どものことを考えている親である。

あるいは、子どもが、がんばって百点をとってきたのに、「大丈夫？　カンニングしたんじゃないの？」と言う親がいる。親は自分が格好をつけている。つまり、自分を守っている。

このように子どもに格好をつけたり、自分の偉さを誇示したりする親は、子どもに関心がない。そして子どものやる気をなくす。

⑧最後にもっとも大切なこと――それは、親が楽しそうに生きること

社会的にうまく適応できない青少年たちは、家庭に、学校に、職場になじめない。そこでの生活に、温かさを感じない。学校も、職場も家庭もよそよそしいと感じている。そこで交わされる会話が、単なる言葉のやり取りになり、情緒の交流がない。

多くの青少年たちは、現在、自分の居場所が既存の社会のどこにもないように感じているのではなかろうか。

手ごたえのない存在、精神医学でいうところの「存在感喪失症状」という症状にかかっている青少年は今多い。青少年たちは、今自分が何者であり、何をすればいいか

分からない。

そこで快楽に走る青少年たちも出てくる。実存分析で名高いフランクルは、真の愛情を体験できない人間に限って、内心の空虚さを、単なる衝動満足の量で終わらせるのが常だと言う。(注26)これがまさにブランドものを身につけたがり、高い靴を履いて歩いている若者たちであろう。

衝動満足の量が大切なこととなれば、恐竜やおばけのように強いことが必要になる。あるいは、造花の花のように、綺麗になることが必要になる。バブル経済でお金に狂《きょう》奔《ほん》する大人たちのように、ナイフをもったりバットをもったりして、とにかく強いことを求める青少年というのは、やはり真の愛情を体験できない人間である。そして、内面の空虚さから来る苦しみから逃げているのであろう。

したがって、親や周囲の大人は、青少年たちに衝動を抑えろということを教えるのではなく、もっと楽しい生き方があると示すことが大切である。そのためには、まず親が楽しく生きることである。

毎日父母が楽しく食事をしていれば、人生はそういうものだと子どもは思う。毎日父母が満足して楽しく花を植えていれば、花の美しさを子どもは感じる。自然としつけもできる。

自分が幸せでなければ、人を幸せにはできない。自分が不幸ではどんなに努力しても人を幸せにすることはできない。自分が幸せでないのに、人を幸せにしようとすれば、むしろ悪循環に陥る。幸せでない人が、人を幸せにする努力をする。その努力は辛い。しかし人は、その人の期待したようには動かない。

まず幸せでない人と一緒にいても、こちらは息が詰まる。その人と一緒にいても、居心地が悪い。その人が自分のために何か努力してくれても、ありがたいという気持ちはあるが、それで幸せにはなれない。

自分が幸せでない人は、人を幸せにするための努力をしても効果は上がらない。それは努力した人にとって面白くない。不愉快である。「オレがこんなにまでしているのに……」という恨みの気持ちが出る。

そして、その恨みの気持ちをもちながら努力しても、その努力をさらに意味のないものにしてしまう。かえって逆効果になる。そこで辛さをこらえて、さらにがんばる。それも効果が上がらない。辛さを堪えて努力しただけに、さらに周囲の人の態度が面白くない。努力すればするほど、追いつめられていく。努力すればするほど、恨みは増してくる。これが悪循環である。

中高年で自殺した人は、この悪循環に、はまりこんでしまったのではないか。自分が幸せでない人が母親になる。父親になる。そして家族のために努力する。しかし子どもは問題を起こす。父親も母親も「何でなんだ」と叫びたい。「こんなに努力しているのに」と叫びたい。

そして、ますます親子関係はうまくいかなくなる。息子も娘も登校拒否になる、ひきこもる、非行に走る、無気力になる、家庭内暴力になるなどの問題を次々に起こす。親は何でこうなってしまうのか分からない。自分がこれほどまでに努力しているのにと思う。息子や娘の言行がますます許せない。親は自分の努力がきつければきついほど、子どもの態度が許せない。

子どもは、ますます心の病を進行させる。そして最後には、善意で努力家の親がいる家族が破綻《はたん》する。

親が気がついていないことは、ただの一点だったのである。自分が幸せでなければ、人のためになることはできないという真理である。自分が幸せでない人は、自分が人にどういう気持ちを与えるかということが分かっていないのである。

自分が幸せでない親が家族で幸せになろうとすると、家族への要求が大きくなる。それが何度も言う「親子の役割逆転」である。

たとえば、息子に努力してもらいたい。その時に、人は努力すべきであるという規範をもち出す。そうした文化的基盤の上に立って自分の要求を通そうとする。それはまさにカレン・ホルナイが言うところの神経症的要求である。

自分が幸せな人は、自然と人の世話をする気持ちになる。理屈はいらない。世話が恩着せがましくない。そこで相手は感謝をする。

まず、自分が生きることを楽しいと感じるような人間になることである。そして愛する能力をもつことである。それがすべての土台である。

この八つは、親自身の置かれている今の日本の環境を考えると、いずれも厳しいことである。あるいは厳しすぎるかもしれない。ただこれを実行できれば、それなりの成果はあるはずである。もちろんあげていけば、まだたくさんあるが、これだけを実行するのでも大変であろうから、これのうちいくつかを心がけるのでよい。

おわりに

子育ては、現代日本の緊急にして最大の問題であろう。そして日本では、多くの母親が子育てノイローゼになっている。今の日本の多くの母親は、残念ながら子どもを産み育てる能力がない。いや、子どもを育てる能力ばかりではなく、人を愛する能力がない。

アメリカの精神科医サリバンは「子どもというものは、思春期直前まで、人を愛しうるようにはならない」と述べている。そしてそれを強要すると神経症者になるという。(注27)

「良い子」の母親は、思春期直前ほどにも成長していないということである。それなのに、子どもを愛している「ふり」をするから、子育てノイローゼという神経症者になるのであろう。

こう考えてくると、現在日本の子どもが親を愛し、親に親しんでいないのは、ある意味で当然のことなのである。自分が親から愛されていないのだから。

「われわれが、他人からだけでなくわが子からも愛が受けられるのは、自分がそれを要求し、何か捧げるものをし、欲求するからではなく、おおよそ、他人を愛しうるというこちら側の能力に応じて受けられるものである(注28)」。

だから、本文中にも書いたように、今の日本の親は一生懸命がんばるのに、誰からも愛されないのである。親自身に愛する能力がないのに、がんばっているからである。

悩みの種が分かれば、悩みの花は摘むこともできる。悩みの種が分かれば、悩みの花が咲く前に、その花を摘むことができる。今、日本の親の悩みの種は、人を愛する能力がないということである。そこに咲いた花が問題を起こす子どもである。

人を愛する能力がないまま、どんなに一生懸命努力しても、事態は悪化するばかりである。「良い子」の親に言いたいのは、ロロ・メイの次の言葉である。「自分自身の中に力の中心を見いだすことが、長い目でみると、われわれが仲間に対してなし得る最大の貢献である(注29)」。

自分が心に葛藤を抱えていては、どうしても子どもの心を育てることができない。

自分の心を成長させなければ、子育ての努力は意味をなさない。もっとも恐ろしいのは、自分の病んだ心を治すのに、子どもに絡みながらそれを愛と錯覚している親である。それが本文中に何度もふれた「親子の役割逆転」である。

また親自身が、社会から孤立しないように心がけることも大切である。イースト・テネシー州立大学のギルマルチン教授の著作(注30)によれば、調査で分かったこととして、虐待する親は親戚や友人から孤立しているということである。

親自身が社会との接触を保ち、心理的に安定することが、子どもを虐待から保護することにもなる。家庭は外に開かれることで、家族の中の絆《きずな》は強まるということを認識する必要がある。

外に対して閉ざされた家庭で絆が強まっていると見える時には、まさにその家庭の中で「親子の役割逆転」や子どもへの情緒的虐待が起きている時である。

少子化が今の日本では大問題であるが、今の日本は少子化で救われている。ノイローゼの人がそれだけ少ないということである。このままの現状でもっと子どもが増えれば、日本はものすごいノイローゼ集団の国になる。

子どもは二人になれば、子育ての労力は一人の時の二倍が必要というのではない。

子育ての労力は四倍になる。三人になれば九倍になる。四人になれば十六倍になる。

一人の子どもを育てるのにノイローゼになっている親がいる今の日本の現状で、もし子どもが増えれば、それだけ子育てノイローゼは深刻になる。親も子どももノイローゼになる。今よりもひどいノイローゼの人間が日本中にあふれてくる。

最大の問題は、なぜノイローゼの人間が、日本にこれほど多くなってしまったかという根本の問題を議論して解決する方法を探すことである。

この本では主として親に焦点を当てて書いたが、親だけが問題ではないこともちろんである。

ある素直な良い子である。つまり本当に良い子の話である。

ある日本の子どもが、小学校の時にアメリカに行った。アメリカで学校に行く前は学校が嫌いだった。日本の小学校と同じと思ったからである。しかし行ってみたら、面白くてたまらない。

次に小学校、中学校が一環教育になっている学校に入学した。すると「え、こんなに面白いの」とまた驚いた。はじめの小学校よりも、もっと面白かったのである。

そして高等学校に入学した。そしたらさらに「もっと面白かった」。笑いが止まらない。

その卒業式で彼は感傷的になった。仲間がそれぞれ違った大学に行く。世界中から留学してきていた仲間は、それぞれの国に帰っていった。

これで高校時代も終わりかと感傷的になったのである。しかし大学に行ったら冗談ではなく「もっと、もっと面白かった」。

この子がもし日本の学校にいたら、同じ親でもこうはならなかったろう。つまり、親の能力不足だけが子育ての失敗の原因ではない。

この本で日本の教育制度の問題を論じなかったからといって、それが子どもの成長の問題ではないと言っているのではない。たまたまこの本では、親に焦点を当てて子どもの問題を考えただけである。

この本も今までの本と同じように野島純子さんにお世話になった。内容を理解し、それにそった編集をしようと努力してくれたことに紙面を借りて感謝をします。

加藤諦三

文庫版あとがき

親子の心が通っていない場合には子育ては親にとって負担である。しかし心が通っている場合には子育ては親にとって人生の意味であり、生きがいである。

子どもの側からすれば、自分という存在は相手の負担になると感じて成長する人もいれば、自分という存在は相手の喜びであり、意味であると感じて成長する人もいる。

心の窓をお互いに閉じている場合には、お互いに家族なしでは生きられないのに、家族が嫌いである。嫌いな人から離れられない。

家族はお互いに重荷である。しかしその家族なしには生きられない。

しかしお互いに心の窓を開ければ、家族は一変する。お互いにコミュニケーションできるようになった時には、家族はかけがえのないものになる。

心の窓をお互いに閉じている場合には、お互いに自分も相手も分かっていない。

心がふれあうということはお互いに格好をつけなくてもいいということである。

相手から気に入られるために相手を喜ばそうとする人は、自分の感情を偽る。

たとえばつまらないのに面白いと感じるふりをして「わー面白い」とか「わーうれしい」と言う。

心がふれあっている仲間なら「つまらねー」と言える。つまらないときにつまらないと言えるのがふれあっている関係である。

親子関係が大切だというのはここなのである。初めに接する親との関係でうまくいけば、自分の感情を表現しながらも相手とつきあう方法を身につけていくことができる。

ゆうげ（夕餉）の楽しい話で子どもは自我を確立する。

笑顔でめざしを食べる方が、文句を言われながら刺身を食べるよりも安らぎがある。

子どもが学校から帰ってきて、

「今日、何かあった？」と母親は聞いた。

子どもは何も言わなかった。

そこで母親は子どもを責めた。

「ちゃんと聞いてあげているじゃない！」

「今日、何かあった？」と、裁判官の立場で聞いたことに母は気がつかないで。

子どもの心を閉ざしている親は、たいてい自分は子どもを愛していると思っている。

そのことに気がつけば先は拓《ひら》ける。


なぜこの子は泣いたか。

なぜこの子はぐずったか。

なぜこの子はイライラしたか。

そう思って、子どもを観察する母親が子どもの心を開く。

それは、すねているから、愛を求めているから。

こうした原因を考えないで、「泣くのは悪い」と子どもを叱った母親は、子どもの心を閉ざす。

しかし、自分は「親子の役割逆転」をしたと自覚できれば、春はもうそこに来ている。

自分は立派な親というイメージにすがりついていれば、立ち上がれない。そのイメージが子どもの心を閉ざす。

自分の恥を出さず、子どもにもばれず、いい方法を考えるから悩む。

子どもを嫌ってはいけないという規範意識から、道に迷い出す。自分の偉さを売り込んでも子どもは心を開かない。

「親子の役割逆転」する人は与えているふりをして、自分を救っている。

親子関係がうまくいかない人、それは「自分は悪くない」と思い込んでいる親。

自分が悪くても人間関係はうまくいく。

自分が悪いと認めないから人間関係はうまくいかない。

「親子の役割逆転」している人が、自分がレストランを経営している。あるいは八百屋さんしている。

まずその店を開いているかどうかである。店を閉めておいて「お客さんが来ない」とか「買ってくれない」と言っている。

「親子の役割逆転」で育てられた子どもは、いつも親に怯えている。親がトラウマとなってしまう。

親はネズミなのにトラと思ってしまう。ネズミがその子にとってはトラになる。ただこういう親は心の底では弱虫だから、もし子どもが強く出れば、ショックでひっくり返ってしまう。

子どもがイスを振り上げて怒っていれば、親はトラではなくネズミになっていた。親がトラウマになってから、社会に出るとどうなるか。相手がネズミなのに相手をトラと思ってしまう。そうなるのは、小さい頃のトラウマが原因である。

そういう人は逆に自分がトラなのにネズミと思う。

そういう人は、脅かされると竦《すく》む、脅かされるとすぐにパニックになる。とにかく小さい頃から、「親子の役割逆転」で脅されっぱなしで育てられた人がいる。まさに「やられっぱなし」の心理的ホームレスである。

このむちゃくちゃな親に対処できないと感じることが原因で、ストレスに対処できない性格になってしまう。

この性格が親との関係だけではなく、社会に出てから他の全ての状況にも影響してくる。

相手がトラと思ってネズミに接する。相手は襲っていないのに、こちらが勝手に衰弱していく。


しゃぼん玉を見て何を思い出しますか？

母親から頭を洗ってもらったときのこと。

そういう体験がないから、ストレスに対処できない性格になる。

会社も家庭もストレスで辛《つら》いけど、でも辛いことはいいことである。この悩みを正面から見据《す》えていけば、生きることの深い意味を感じてくる。

自分は「親子の役割逆転」をされて生きてきたと自覚できれば、自覚はやがて安らぎになる。

自分の運命を受け入れて自分を可愛がろう。

その時に初めて立ち上がれる。

《注》

1 ヒルティー『幸福論（一）』氷上英廣訳、白水社、一九八〇年、五四頁。

2 ユルク・ヴィリィ『夫婦関係の精神分析』中野良平訳、法政大学出版局、一九八五年、七七頁。

3 Valerie Malnotra Bentz, Becoming Mature, Aldine de Gruyter, 1989, p.103.

4 ROllo May, Man's Search For Himself『失われし自我を求めて』小野泰博訳、誠信書房、一九七〇年、二六九頁。

5 前掲訳書、二六九頁。

6 Stanley Milgram, Obedience To Authority, Harper & Row, Publishers, 1969, preface.

7 Stanley Milgram, Obedience To Authority, Harper & Row, Publishers, 1969, preface.

8 Valerie Malnotra Bentz, Becoming Mature, Aldine de Gruyter, 1989, p.103.

9 People's attitude toward you is the result of your own unconscious attitude toward them.' Calm Your Nerves, p.195.

10 to be loved because of one's merit, Erich Fromm, The Art of Loving, Harper & Brothers Publishers, 1956, p.35.『愛するということ』懸田克躬訳、紀伊國屋書店、一九五九年、五七頁。

11 前掲訳書、五七頁。

12 not loved at all but used.

13 おざわとしお「ももたろう」『日本昔話3』福音館書店、一九九五年、一四頁。

14 前掲書　一六―一七頁。

15 Valerie Malnotra Bentz, Becoming Mature, Aldine de Gruyter, 1989, p.101.
16 島崎敏樹『生きるとは何か』岩波書店、一九七四年、六一—六二頁。
17 前掲書、六一頁。
18 前掲書、六二頁。
19 Brian G.Gilmartin, The Shy-Man Syndrome, Madison Books, 1989.
20 Social withdrawal.
21 未成熟認知拘束＝premature cognitive commitments
22 加藤諦三、ランガー『人を動かすための手っ取り早くて確実な方法』PHP研究所　一九九二年。
23 Alan Loy McGinnis, Bringing Out The Best In People, 1985, Auguburg Publishing house, Minearolis. 『ベストを引き出す』加藤諦三訳、日本実業出版社、一九八七年。
24 高城俊之介訳『人生のヒント』創樹社、一二五頁。
25 前掲書、六七頁。
26 「時代精神の病理学」『フランクル著作集3』宮本忠雄訳、みすず書房、昭和三六年、五五頁。
27 Rollo May, Man's Search For Himself. 『失われし自我を求めて』小野泰博訳、誠信書房、一九七〇年、二六八頁。
28 前掲訳書、二七〇頁。
29 前掲訳書、七九頁。
30 The Shy-Man Syndrome, Madison Books, 1989.

〈本書は、二〇〇一年に小社より四六判で刊行された『子どもと心の通う親　なぜかスレ違う親』を改題し、加筆・修正したものです。〉

青春文庫

なぜか子《こ》どもが心《こころ》を閉《と》ざす親《おや》 開《ひら》く親《おや》

2017年10月20日　第1刷

著　者　加《か》藤《とう》諦《たい》三《ぞう》

発行者　小澤源太郎

責任編集　株式会社プライム涌光

発行所　株式会社青春出版社

〒162-0056　東京都新宿区若松町 12-1
電話 03-3203-2850（編集部）
03-3207-1916（営業部）
振替番号　00190-7-98602

印刷／大日本印刷
製本／ナショナル製本

ISBN 978-4-413-09681-2